O TIME DOS SONHOS DA INOVAÇÃO

Lições dos Maiores Inovadores da Atualidade

Por Felipe Ost Scherer

O TIME DOS SONHOS DA INOVAÇÃO

Lições dos Maiores Inovadores da Atualidade

Por Felipe Ost Scherer

ALTA BOOKS
EDITORA
Rio de Janeiro, 2015

O Time dos Sonhos da Inovação — Lições dos Maiores Inovadores da Atualidade

Erratas e arquivos de apoio: No site da editora relatamos, com a devida correção, qualquer erro encontrado em nossos livros, bem como disponibilizamos arquivos de apoio se aplicável ao livro. Acesse o site www.altabooks.com.br e procure pelo título do livro desejado para ter acesso às erratas e/ou arquivos de apoio.

Impresso no Brasil — 1ª Edição, 2015

Produção Editorial
Editora Alta Books

Gerência Editorial
Anderson Vieira

Produtor Editorial
Thiê Alves

Supervisão e Qualidade Editorial
Angel Cabeza
Sergio Luiz de Souza

Design Editorial
Aurélio Corrêa

Captação e Contratação de Obras Nacionais
J. A. Rugeri
Marco Pace
autoria@altabooks.com.br

Marketing e Promoção
Hannah Carriello
marketing@altabooks.com.br

Vendas Atacado e Varejo
Daniele Fonseca
Viviane Paiva
comercial@altabooks.com.br

Ouvidoria
ouvidoria@altabooks.com.br

Equipe Editorial
Claudia Braga
Jéssica Carvalho
Juliana de Oliveira
Letícia Vitoria de Souza
Mayara Coelho
Mayara Soares
Milena Lepsch
Milena Souza
Rômulo Lentini
Silas Amaro

Revisão Gramatical
Patricia Nina Rasmussen Chaves

Diagramação
Lucia Quaresma

Capas e Layout
Aurélio Corrêa

Dados Internacionais de Catalogação na Publicação (CIP)

S326t Scherer, Felipe Ost.
O time dos sonhos da inovação : lições dos maiores inovadores da atualidade / por Felipe Ost Scherer. – Rio de Janeiro, RJ : Alta Books, 2015.
208 p. : il. ; 21 cm.

Inclui bibliografia e índice.
ISBN 978-85-7608-904-9

1. Empreendedorismo. 2. Inovação. 3. Liderança. 4. Sucesso nos negócios. 5. Administração de empresas. I. Título.

CDU 658.012.29
CDD 658.409

Índice para catálogo sistemático:
1. Empreendedorismo 658.012.29

(Bibliotecária responsável: Sabrina Leal Araujo – CRB 10/1507)

ALTA BOOKS
EDITORA

Rua Viúva Cláudio, 291 — Bairro Industrial do Jacaré
CEP: 20970-031 — Rio de Janeiro
Tels.: 21 3278-8069/8419 Fax: 21 3277-1253
www.altabooks.com.br — e-mail: altabooks@altabooks.com.br
www.facebook.com/altabooks — www.twitter.com/alta_books

IMPORTANTE

Esta obra não tem nenhuma relação oficial com Steve Jobs, Jeff Bezos, Mark Zuckerberg, Sergey Brin, Larry Page ou outra pessoa ou empresa analisada.

As informações constantes nesta obra foram obtidas através de entrevistas, pesquisas online e outras obras aqui citadas. Todas as informações são públicas e as devidas referências são apresentadas na seção final.

Esta obra fornece informações que você deverá utilizar sob sua própria responsabilidade.

DEDICATÓRIA

Para minhas amadas Camila e Manuela Brum Scherer

SOBRE O AUTOR

Felipe Ost Scherer é consultor, palestrante, professor e autor de outros livros relacionados ao tema de gestão da inovação. Entre as obras, destaque para Gestão da Inovação na Prática e Práticas dos Inovadores. Cofundador da Innoscience Consultoria em Gestão da Inovação, empresa especializada em apoiar na identificação de oportunidades de inovação e estruturar as práticas para tal. Também é responsável pelo blog Inovação na Prática do Portal da Revista Exame. Scherer tem MBA pela Escola Superior de Propaganda e Marketing e mestrado em administração de empresas pela Universidade Federal do Rio Grande do Sul. Para saber mais sobre o trabalho do autor, acesse o site www.innoscience.com.br ou siga no Twitter: @inovacaopratica.

SUMÁRIO

PREFÁCIO

Há muitos anos venho trabalhando com o tema gestão e inovação, seja através de consultorias para empresas que buscam ampliar sua capacidade de inovação, seja em treinamentos in company, ou em escolas de negócios sobre gestão da inovação. Em ambos os casos, sempre percebi uma grande curiosidade por parte das pessoas com relação ao modo pelo qual as empresas consideradas inovadoras tratam o tema e criam as condições para que novas ideias sejam geradas e implementadas.

Parte dessa curiosidade em relação à gestão da inovação, pude tratar em outros livros em que fui coautor, juntamente com Maximiliano Carlomagno, como Gestão da Inovação na Prática[1] e Práticas dos Inovadores[2]. Entretanto, percebi que havia uma pergunta ainda não respondida completamente, nem apresentada de forma adequada para todos que gostam de gestão e têm curiosidade sobre o modo de trabalhar de grandes executivos e empreendedores. A mente dos inovadores sempre despertou minha curiosidade e acredito que a de muitas outras pessoas também.

Como trabalham ou trabalhavam os principais inovadores dos últimos 50 anos? Que características eles desenvolveram para construir empresas inovadoras e de sucesso mundial? Será que podemos aprender algo com pessoas como Steve Jobs, Mark Zuckerberg, Sergey Brin, Larry Page e Jeff Bezos?

Nos últimos anos venho estudando o comportamento de cada um deles, assistindo a entrevistas, lendo documentários, notícias, artigos, biografias e tudo mais relacionado ao modo como trabalham e tomam as decisões. Agora, conhecendo melhor a história de cada um deles, posso dizer que temos muito a aprender.

A inspiração para escrever um livro nesses moldes veio de uma obra que li há muitos anos, traduzida para o português com o título de Meu Primeiro Milhão[3], de Charles Albert Poissant e Christian Godefroy. De forma geral, o livro traz a história de dez grandes empreendedores do século passado que construíram fortunas começando praticamente do zero. Eles são os chamados "self-made-men", que partiram em busca dos seus sonhos de construir grandes empresas, conquistando grandes fortunas.

Nesta obra são contadas histórias como as de Walt Disney, Ray Kroc, Hilton, Aristóteles Onassis, Paul Getty, Steven Spielberg e Henry Ford. Cada uma delas revela como souberam explorar ao máximo suas qualidades e competências para tornarem-se empresários de sucesso. O modus operandi de cada um traz ensinamentos valiosos que podem ser colocados em prática.

O livro de Poissant e Godefroy foi escrito na década de 1980, portanto, cerca de trinta anos se passaram, e tanto a dinâmica dos negócios quanto a própria gestão evoluíram bastante, desde então. Não bastasse isso, os empreendedores e inovadores mais recentes como Jobs, Bezos, Brin, Page e Zuckerberg não foram cobertos por uma análise de como fazem ou faziam o motor da inovação funcionar em alta rotação em suas empresas.

Este livro apresenta as lições dos principais empreendedores dos últimos anos. Juntos, eles formam o que chamei de time dos sonhos da inovação, já que compartilham competências extraordinárias na arte de inovar. As histórias desses inovadores são inspiradoras para novos empreendedores, executivos ou qualquer pessoa que acredite que a inovação é algo que não acontece por acaso, mas sim fruto de uma abordagem estruturada que demanda visão e comportamentos específicos.

Nome: Felipe Scherer
E-mail: felipe@innoscience.com.br
Twitter: @inovacaopratica
Site: www.innoscience.com.br

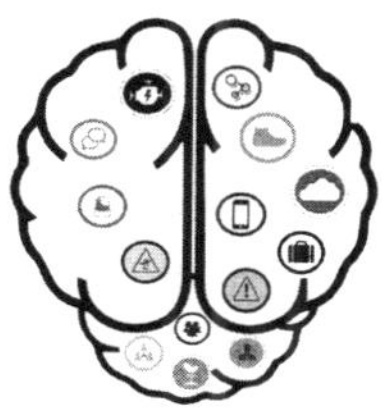

Capítulo 1

O TIME DOS SONHOS

No dia 08 de agosto de 1992, a seleção de basquete dos Estados Unidos conquistava a medalha de ouro nas Olimpíadas de Barcelona. A partida final, contra a forte seleção da Croácia, foi o último espetáculo da melhor equipe de basquete de todos os tempos. O "Time dos Sonhos" reuniu pela primeira vez na história os atletas profissionais da liga norte-americana (NBA) e contou com jogadores de duas gerações talentosas: a da década de 1980, liderada por Magic Johnson e Larry Bird, e a que dominaria a da década de 1990, com Michael Jordan e Scottie Pippen. Somaram-se ao time jogadores como Charles Barkley, Karl Malone, Patrick Ewing, Clyde Drexler, John Stockton, David Robinson, Chris Mullin e o universitário Christian Leattner. Não por acaso, desses 12 jogadores somente Leattner não entrou para o Hall da Fama do basquete depois de se aposentar[1].

Durante dois meses foram jogadas 14 partidas oficiais, 6 pelo torneio pré-olímpico e 8 nas Olimpíadas de Barcelona. Em todas elas, o Time dos Sonhos amassou seus adversários. A seleção que mais perto chegou a ameaçar foi justamente a Croácia na disputa pelo ouro e, mesmo assim, terminou o jogo 32 pontos atrás no placar. Na primeira partida do pré-olímpico, o Time dos Sonhos venceu Cuba com uma diferença espetacular de 79 pontos. Independentemente do adversário, a história sempre se repetia: um time se divertia e dava show na quadra, enquanto o outro tentava desesperadamente, com arremessos de longa distância, diminuir o prejuízo.

Mesmo com essa diferença enorme nos placares finais, os derrotados não se sentiam humilhados ao final das partidas. Eles sabiam que estavam entrando para a história, pois haviam acabado de enfrentar um grupo de jogadores com habilidades extraordinárias, que dominavam com excelência todos os fundamentos do esporte. Robinson, Malone, Ewing e Barkley eram fortes e agressivos na defesa. Drexler, Pippen, Stockton e Jordan, rápidos e habilidosos nos contra-ataques e nas infiltrações, enquanto Magic, Bird e Mullin eram precisos nos arremessos. A partir de Barcelona, o nível do basquete jogado no mundo inteiro começou a mudar, inspirado nas lições do Time dos Sonhos.

De tempos em tempos, os esportes coletivos conseguem reunir atletas excepcionais, atuando lado a lado e que entraram para a história. No futebol, a seleção brasileira, que venceu a Copa do Mundo de 1970 no México, também era um Time dos Sonhos. Carlos Alberto Torres, Gerson, Rivelino, Jairzinho, Pelé, Tostão e seus companheiros reuniam o que havia de melhor em termos de habilidades ofensivas e defensivas em suas posições. O time jogava por "música" e ninguém conseguiu parar o Brasil naquela Copa.

No universo da gestão, especialmente da inovação, fico pensando como seria formar um Time dos Sonhos, juntando os maiores expoentes da prática do tema dos últimos anos. Falando de inovação, colocar lado a lado Jobs, Bezos, Brin, Page e Zuckerberg é como Jordan, Bird, Magic, Barkley e Malone jogando juntos. Muitos dirão que o Time dos Sonhos da Inovação trabalhando em conjunto não funcionaria. Dizia-se o mesmo sobre a seleção americana de basquete, já que todos eram grandes destaques e líderes em seus times na NBA, de maneira que não conseguiriam compartilhar o foco das atenções com tantas estrelas no mesmo elenco. A prática foi bem diferente.

Fico imaginando como seria o Time dos Sonhos da Inovação trabalhando em conjunto em prol de um objetivo único. Penso que a combinação das habilidades deles como empreendedores, estrategistas, líderes e gestores produziria algumas coisas fantásticas. Como o mundo dos negócios é diferente dos esportes, nos resta analisar cada um deles individualmente e identificar as características que fazem deles grandes inovadores.

A decisão mais difícil ao escrever este livro foi quem ficaria de fora da lista do Time dos Sonhos da Inovação. Inicialmente a lista continha quinze nomes de pessoas que tinham realizado feitos significativos em relação à inovação.

Dos quinze nomes da lista original, havia empreendedores e também executivos. A nacionalidade variava entre americanos, ingleses, japoneses e brasileiros, além de contar com inovadores que começaram seus negócios no início do século passado, até outros que iniciaram há pouco mais de dez anos. Os setores de atuação deles variavam desde exploração de matérias-primas básicas até alta tecnologia.

Como você pode perceber, a variedade de perfis era enorme. Tive de escolher a formação dessa primeira edição baseando-me em critérios objetivos e pessoais, e assim como qualquer técnico que precisa escolher seus convocados, também deixei minhas preferências pessoais interferirem na escolha.

Os critérios objetivos foram os seguintes: a) eles deveriam ser gestores e fundadores, não poderiam ser apenas executivos, já que o livro também trata de empreendedorismo; b) eles deveriam ter nascido depois da metade do século XX. Com esse critério estabeleci uma linha de corte para trazer ao time inovadores que realizaram suas obras em um espaço de tempo mais curto; c) eles deveriam ter construído empresas de sucesso que prosperaram e foram reconhecidas como inovadoras pela imprensa especializada.

Com esses critérios, abri mão de grandes inovadores, como Walt Disney, Henry Ford, Akio Morita, A.G. Lafley e Thomas Watson. Espero tratá-los em outra obra, na continuação desta série, porém neste momento eles ficarão de fora.

Resolvidos os critérios objetivos, o restante da lista foi escolhida com base em minha preferência pessoal. Optei pelos empreendedores e as empresas que ajudaram a construir e influenciar mais fortemente meu trabalho nos últimos anos. Novamente, grandes inovadores como Bill Gates e Richard Branson ficaram para o próximo volume.

Defini cinco nomes; a lista poderia ser maior, mas era preciso fazer as escolhas necessárias. Todos os convocados têm muito a ensinar do ponto de vista de empreendedorismo, estratégia, liderança, inovação e gestão como um todo. Então, a escalação do time dos sonhos ficou com Steve Jobs, Jeff Bezos, Sergey Brin, Larry Page e Mark Zuckerberg.

O livro está dividido em duas partes: a primeira traz a história, os antecedentes, legado e conquistas de cada um deles. A segunda parte apresenta as lições que podemos tirar desses inovadores.

Sempre tive curiosidade sobre os acontecimentos que antecederam o sucesso de grandes empreendedores e executivos. Olhar para esse período da vida deles ajuda a explicar suas formas de gerir e tomar decisões. O meio no qual foram criados, a escola onde estudaram e as experiências anteriores são fatos importantes na formação do inovador.

Contudo, não são só as escolas de negócios ou universidades que desenvolvem as competências para inovação. Steve Jobs, por exemplo, não ficou mais que um semestre na universidade. Mark Zuckerberg e Bill Gates também não concluíram os cursos superiores, e Richard Branson nunca frequentou uma universidade.

Os fundadores do Google, Sergey Brin e Larry Page foram educados pelo método Montessori, e isso impactou fortemente na forma como ambos construíram a cultura de negócios do Google. Eles constantemente se perguntam por que as coisas são do jeito que são, foram treinados e programados para questionar as coisas e as ordens. Tudo isso e muito mais é tratado na seção *Antecedentes*.

A seção *Inovações* traz os principais desenvolvimentos dos integrantes do Time dos Sonhos da Inovação. Cada um deles entrou na história por mudar de alguma forma o modo como a humanidade trabalha, diverte-se, consome, comunica-se ou busca conhecimento. Apenas para citar alguns desses feitos, Steve Jobs praticamente inventou a indústria do computador pessoal. Jeff Bezos modificou a forma como as pessoas compram e leem, causando impacto em todo o varejo e mercado editorial. Cada um dos inovadores escalados para esse time deixou ou vem deixando seu legado e impactando a vida de todos nós.

Mark Zuckerberg conseguiu com o Facebook, em dez anos, mudar, em parte, a forma como as pessoas se relacionam. Mais de um bilhão de pessoas compartilham opiniões, fotos e vídeos com amigos espalhados no mundo inteiro.

Desde o princípio, a ideia dele não era substituir os relacionamentos do mundo real e transferi-los para a internet. A rede social foi criada para aprofundar o relacionamento daqueles que se conhecem pessoalmente, aproximando e conectando-os de forma mais intensa. Hoje, o

Facebook não mudou apenas a forma dos amigos se relacionarem, mas também vem mudando a maneira como as empresas fazem negócios e muitas outras coisas.

A seção *Lições dos Inovadores* apresenta como eles trabalham e fazem para criar um ambiente favorável para inovação em seus negócios. Algumas dessas características parecem se repetir em todos os inovadores da *Time*. Por exemplo, todos os inovadores procuram se cercar de pessoas tão boas quanto eles, mas com competências complementares.

Eles sabem que a inovação é um processo que demanda liderança, mas também pessoas com perfis diferenciados. Foco na execução também é uma característica comum aos inovadores. Só ideias, sem colocá-las em prática ainda não é inovação, portanto, eles sabem mobilizar os recursos das empresas para esse fim. Todos também compartilham uma visão de futuro que impulsiona suas ações, mesmo quando a maioria das pessoas faria coisas diferentes.

Quando Jeff Bezos largou um ótimo e promissor emprego no mercado financeiro para colocar em prática a ideia de uma livraria virtual, ele colocou o sonho na frente do dinheiro. Bezos abriu mão de um salário que podia chegar a mais de um milhão de dólares por ano por algo que ele considerava maior: seguir seu sonho. Durante anos a Amazon operou no vermelho e Bezos sempre deixou claro que o dinheiro e os lucros seriam uma consequência natural, quando sua ideia tivesse sido implementada.

A *Palavra dos Inovadores* resgata algum discurso, entrevista ou manifesto significativo de cada um dos integrantes do Time dos Sonhos da Inovação. As cartas aos acionistas de Sergey Brin e Larry Page anualmente trazem grandes ensinamentos sobre como eles pensam e gerenciam o Google. O discurso de Jeff Bezos na formatura de Princeton em 2010, denominado "Somos o que Escolhemos", é inspirador para todos aqueles que relutam em seguir seus sonhos. Nessa fala ele provoca todos os formandos com perguntas como: será a inércia seu guia ou suas paixões?

Discursos de formatura normalmente são tediosos, mas não quando são proferidos por pessoas como Jeff Bezos ou Steve Jobs. Aliás, considero o discurso de Jobs na formatura dos alunos de Stanford em 1995 o melhor a que já assisti.

As três histórias contadas por ele falam de filosofia de vida, de encontrar algo que se gosta para fazer e tentar deixar algum legado para a humanidade: "Seu trabalho vai preencher uma parte grande da sua vida, e a única maneira de ficar realmente satisfeito é fazer o que você acredita ser um ótimo trabalho. E a única maneira de fazer um excelente trabalho é amar o que você faz." E era dessa maneira que ele fazia!

Falando em Steve Jobs, uma de suas características marcantes era a habilidade de comunicar como poucos. Inclusive há livros que trazem as técnicas que ele utilizava para tornar suas apresentações impactantes. Ele também foi responsável pelo posicionamento da marca Apple em todos os períodos em que esteve no comando da empresa. Um dos comerciais marcantes da história da publicidade foi o chamado "os loucos" da campanha Pense Diferente, lançada em 1997. Esse comercial reflete bem a filosofia dos integrantes do Time dos Sonhos da Inovação, pois, de alguma forma, eles estão nessa lista porque tentaram e conseguiram mudar as coisas, mesmo que muitos não acreditassem.

> "Isto é para os loucos. Os desajustados. Os rebeldes. Os criadores de caso. Os que são peças redondas nos buracos quadrados. Os que veem as coisas de forma diferente. Eles não gostam de regras. E eles não têm nenhum respeito pelo status quo. Você pode citá-los, discordar deles, glorificá-los ou difamá-los. Mas a única coisa que você não pode fazer é ignorá-los. Porque eles mudam as coisas. Eles empurram a raça humana para frente. Enquanto alguns os veem como loucos, nós vemos gênios. Porque as pessoas que são loucas o suficiente para achar que podem mudar o mundo são as que, de fato, mudam[2]".

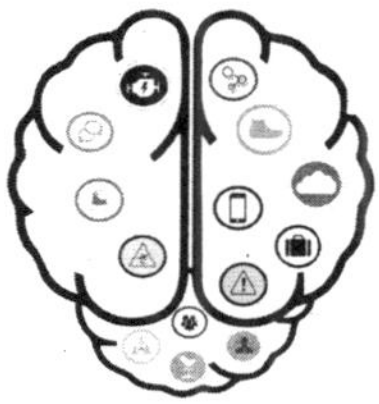

Capítulo 2

OS INOVADORES

STEVE JOBS

Decidi começar a escalação do Time dos Sonhos da Inovação por Steve Jobs, pois entre os inovadores ele é o que mais influenciou minha carreira como consultor e professor de gestão da inovação. Hoje mantenho um pequeno boneco de Jobs na minha mesa de trabalho, buscando nele uma fonte de inspiração que possa ajudar a fazer coisas realmente diferenciadas.

Poucas pessoas no mundo têm seu nome associado à inovação como Steve Jobs. Quando ainda vivo, representava um executivo misterioso que desafiava a forma como as coisas eram feitas. Depois de falecido, entrou para a história como um dos maiores inovadores do mundo dos negócios.

A história do inovador Jobs pode ser dividida em três grandes momentos: antes de 1985, criando a Apple, entre 1985 e 1997, quando esteve afastado da empresa e soube aproveitar o tempo para alavancar outros negócios como a NeXT e Pixar; e depois de 1997, quando sua volta novamente revolucionou a criação de novos produtos da Apple. Em cada uma dessas fases ele conseguiu deixar sua marca de forma impactante, criando produtos e negócios que mudaram a forma como as pessoas trabalham e divertem-se.

Sob o comando de Steve Jobs, a Apple conseguiu estabelecer um fluxo contínuo de inovação, deixando uma marca incontestável no mundo da tecnologia. Podemos citar pelo menos três grandes inovações: o primeiro computador pessoal, pronto para ser utilizado pelo usuário (Apple II), a incorporação da tecnologia da interface gráfica de usuário com o mouse nos produtos no Macintosh e a revolução do mercado da música que o tocador iPod e o ecossistema iTunes trouxeram.

O renascimento da segunda fase da Apple teve um ponto marcante em 2001 com o lançamento do iPod. Pouco mais de uma década depois, o próprio iPod já começa a ficar obsoleto em função de outros dispositivos existentes. Jobs conseguiu criar uma máquina de inovação, e hoje, mais de dois terços das receitas da empresa vêm de produtos e serviços lançados desde 2007[1].

Com sua grande capacidade de combinar ciência e arte, além de uma visão que sempre privilegiou a junção de software e hardware, pelo menos seis diferentes setores sofreram o impacto do trabalho de Jobs: computadores pessoais, filmes de animação, música, telefones, tablets e publicação digital.

Hoje as pessoas trabalham, comunicam e divertem-se de forma distinta por influência do trabalho dele. Ele dizia que nunca trabalhava exclusivamente pelo dinheiro, mas sua motivação era fazer contribuições para o avanço da humanidade[2]. Depois da morte por câncer em outubro de 2011, com apenas 56 anos, pode-se dizer que ele cumpriu sua missão.

Aqueles que conviveram com Steve Jobs afirmam que era uma pessoa de altos e baixos, uma personalidade única que conseguia extrair o máximo das pessoas com quem trabalhava, forçando-as ao limite extremo para materializar aquilo que sua visão inovadora apontava[3]. Trabalhar com ele era um desafio diário que não permitia falhas ou imperfeições, sem espaço para qualquer comportamento próximo a uma zona de conforto. Michael Moritz, um capitalista de risco que conheceu Steve Jobs, escreveu sobre sua personalidade[4]:

> "Os críticos de Jobs dizem que ele pode ser determinado, teimoso, irascível, temperamental e cabeça-dura — mas mostre-me alguém que seja perfeccionista e tenha conseguido algo digno de nota que, de tempos em tempos, não demonstre essas características. Há também o dissimulado, calculado e desconfiado olhar de mercador em Steve. Ele é um vendedor insistente, persuasivo e hipnotizante — o único homem que conheço com a audácia de enfeitar pontos de ônibus por todo o país com propagandas de algo tão trivial como um mouse sem fio. Mas ele também é um homem que, décadas atrás, foi gentil o suficiente para ir várias vezes a um hospital para visitar um CEO que havia sofrido um infarto e que oferecia conselhos generosos a jovens executivos do Vale do Silício."

Alguns analistas apontavam que sua obsessão pela perfeição e sucesso era uma tentativa de resposta à afirmação de seus pais biológicos de que ele era especial. Ele dizia que não, que buscava apenas ajudar na evolução de sua espécie[5]. Independentemente dos motivos, a abordagem do empreendedor e executivo inovador Steve Jobs tem muito a nos ensinar.

Perfil

Nome:	Steven Paul Jobs
Nascimento:	24 – fevereiro – 1955
Local:	São Francisco – Califórnia – Estados Unidos
Morte:	05 – outubro – 2011
Principais Negócios:	Apple, NeXT e Pixar
Principais Inovações:	Apple II, Macintosh, iMac, Toy Story e outras animações, iPod, iTunes, Apple Store, iPhone, App Store e iPad.

JEFF BEZOS

Poucas pessoas no mundo largariam um emprego com salário de 1 milhão de dólares por ano para tentar a sorte em um negócio próprio em um setor ainda quase inexistente. Menos pessoas ainda esperariam quase 10 anos para fazer um negócio dar lucro, priorizando o crescimento e atendimento aos consumidores em prol de dividendos trimestrais. Enquanto a maioria dos empreendedores criava novas empresas para prepará-las para vender o mais rápido possível, aproveitando a loucura que o mercado vivenciou no final do século passado, Bezos estava preocupado em construir o futuro de sua empresa.

Jeff Bezos é responsável pela criação da maior e mais bem-sucedida empresa de comércio eletrônico do mundo. Hoje, a Amazon é uma gigante que vende mais de 15 categorias de produtos distintos, serviços de armazenamento de dados, além de ser a responsável pela difusão dos livros eletrônicos. Todo esse império teve seu início na ideia de colocar o maior catálogo possível de livros à disposição dos clientes.

A **Amazon** é uma combinação vitoriosa de variedade de produtos, conveniência e preços baixos. No início nenhuma livraria física chegava perto da quantidade de títulos disponíveis, quase 1,3 milhão[6]. Poder pesquisar, comprar e receber em casa os livros, até mesmo gratuitamente, e posteriormente os produtos, criaram uma conveniência extraordinária. Tudo isso suportado por uma operação que preza pela austeridade e não permite gastos adicionais que não sejam direcionados a melhorar a experiência dos consumidores.

Alguns princípios originais da empresa inspiraram outros grandes empreendedores, como Larry Page e Sergey Brin. A simplicidade, rapidez e intuitividade pensadas por Bezos para a loja virtual foram reproduzidas durante a criação do Google. Ele, inclusive, foi um dos investidores iniciais da empresa.

Jeff Bezos é visto como uma pessoa criativa, divertida, e toda a simplicidade imposta na cultura de sua empresa é também levada para sua vida pessoal. Atualmente, ele é um bilionário, mas mantém um padrão de vida sem extravagâncias, mantendo uma coerência entre o que estimula no dia a dia da empresa com seu comportamento fora dela.

O sucesso até aqui de Bezos e da Amazon não são motivos para ele descansar sobre os louros alcançados. Pelo contrário, para ele o dia de amanhã sempre representa uma ameaça ao negócio que construiu, mas também uma bela oportunidade para fazer coisas diferentes, como o Kindle, que vem mudando a indústria dos livros, ou mesmo uma nave espacial que possibilitará viagens pelo espaço a um preço que popularizará os voos. Hoje as empresas do grupo Amazon, entre aquisições e novos negócios criados, somam mais de 30 iniciativas em diferentes áreas. E se depender de Bezos e seu espírito empreendedor, muitas outras ainda virão.

Perfil

Nome:	Jeffrey Preston Bezos
Nascimento:	12 – janeiro – 1964
Local:	Albuquerque – Novo México – Estados Unidos
Principais Negócios:	Amazon, Zappos e Blue Origin.
Principais Inovações:	Loja virtual Amazon.com, Kindle e AWS – Amazon Web Services.

SERGEY BRIN & LARRY PAGE

O Google é atualmente uma das empresas referência, quando se pensa em inovação. Em pouco tempo a ferramenta de busca transformou-se em símbolo de uma nova economia, a chamada era da informação. Com as ferramentas criadas por Sergey Brin e Larry Page e suas equipes, as pessoas ao redor do mundo podem buscar o conhecimento com velocidade e precisão.

O Google lança novos produtos e aprimoramentos praticamente toda semana, sendo inclusive muito difícil contar qual é o tamanho do seu portfólio. Toda essa dinâmica é fruto de uma cultura cultivada desde o início da empresa por seus fundadores.

Na vida privada, eles são muito diferentes. Brin gosta de entrevistas, fotos e eventos sociais. É extrovertido e gosta de esportes e aventuras. Page é mais recatado e discreto. Ele vive um problema de saúde relacionado à paralisia nas cordas vocais. Enquanto Brin prefere aparecer entre celebridades, Page gosta de posar entre políticos importantes[7].

Mas quando o assunto são os negócios, os dois trabalham em sintonia sem perder o foco e os valores que acompanham o Google, desde o princípio. Mesmo depois de mais de 15 anos, eles conseguem manter o ideal dos dois estudantes de Stanford que um dia se propuseram a agrupar toda a informação do mundo e mudar a maneira das pessoas de acessarem a informação.

As histórias dos dois empreendedores se parecem em muitos aspectos. Ambos têm pais que são professores universitários com doutorado, foram educados em escolas com o mesmo método de ensino e tiveram contato desde muito cedo com computadores e tecnologia. Eles foram estimulados pelos pais a serem excelentes alunos e, até fundarem o Google, tudo se encaminhava para que eles se tornassem professores universitários, assim que finalizassem seus doutorados. Mas o destino acabou por mudar a história deles.

O Google começou como um projeto de pesquisa no qual Page teve a ideia de catalogar todas as informações da web para que pudessem ser posteriormente acessadas, utilizando uma ferramenta de busca trazendo aos usuários resultados relevantes. Durante mais de um ano eles utilizaram a estrutura de Stanford para operar e desenvolver o negócio, que no futuro se transformaria na ferramenta de busca mais utilizada no mundo. Eles relutaram em largar seus estudos para se dedicarem integralmente ao Google, mas aceitaram correr os riscos de trocar algo que era o sonho dos pais para irem atrás dos seus sonhos.

Eles não desenvolveram a primeira ferramenta de busca do mundo, porém trouxeram inovações importantes nessa indústria. Algumas escolhas estratégicas menos óbvias se mostraram acertadas no longo prazo. Quando todas as ferramentas de busca migravam para se tornar grandes portais de conteúdo, o Google se manteve fiel a sua essência e objetivo: fornecer resultados cada vez mais relevantes e rápidos para os usuários finais. Manter a página simples e diferenciar publicidade dos resultados orgânicos tem sido algo inegociável na estratégia da empresa. Essa estratégia pode abrir mão de alguns resultados em curto prazo, mas eles apostam sempre no futuro e isso tem se mostrado acertado.

Aliás, pensar no futuro é algo rotineiro para o Google. Recursos humanos, financeiros e organizacionais são alocados não só para desenvolver melhorias nos produtos atuais, mas também para criar tecnologias inovadoras. Muitos desses projetos mais radicais não estão conectados diretamente com o negócio atual de busca, que garante a geração de caixa para financiar esses novos empreendimentos.

Brin e Page investem hoje em projetos ousados como tecnologias para carros movidos por sistemas robóticos, óculos inteligentes e inúmeros outros que podem mudar a sociedade no futuro, assim como a ferramenta de busca mudou no passado recente. Todos os meses são feitas mais de 100 bilhões de pesquisas no Google, provendo informação e entretenimento a usuários ao redor do mundo[8].

Sergey Brin e Larry Page conseguiram criar uma das empresas mais inovadoras do mundo. O ambiente físico no Googleplex, inspirador e cheio de facilidades, tenta recriar o espírito jovem, empreendedor e criativo que os fundadores vivenciavam em Stanford no início da empresa. Eles estimulam que os engenheiros utilizem 20% do tempo para buscar ideias e projetos que possam melhorar os produtos e serviços atuais[9].

Ser uma empresa inovadora acaba por atrair jovens engenheiros criativos e qualificados, que passam por um rigoroso processo de seleção para garantir que a cultura Google seja mantida.

Perfil

Nome:	Sergey Mikhaylovich Brin
Nascimento:	21 – agosto – 1973
Local:	Moscou – Rússia – União Soviética
Nome:	Lawrence Edward Page
Nascimento:	26 – março – 1973
Local:	Lansing – Michigan – Estados Unidos
Principais Negócios:	Google.
Principais Inovações:	buscador web Google.com, AdWords, AdSense, Gmail, Docs, Translate, News, Chrome, Maps, Earth, Android, Blogger, Orkut e Picasa.

MARK ZUCKERBERG

A criação de Mark Zuckerberg conta com mais de 1 bilhão de usuários, movimenta bilhões de posts mensalmente, além de ser o maior local de compartilhamento de fotos do mundo, com mais de 250 bilhões[10]. Tudo é superlativo quando falamos de Facebook. Apesar de toda essa interação, Zuckerberg nunca pensou em substituir os relacionamentos da vida real pelos virtuais. Desde a origem, sua ideia foi criar uma ferramenta para aprofundar as relações de pessoas que já se conhecem: amigos, colegas e parentes.

Hoje a missão da empresa é dar às pessoas a possibilidade de compartilhar e fazer um mundo mais aberto e conectado. As pessoas usam o Facebook para permanecer conectadas com os amigos e a família, para descobrir o que está acontecendo no mundo, expressar-se e compartilhar as coisas que são importantes.

O chamado "efeito Facebook" vem mudando a forma como o mundo se conecta, trazendo eficiência na comunicação e ampliando a intimidade entre amigos. Dizem que a sorte favorece a mente bem preparada, e no caso de Zuckerberg, isso não pode ser mais verdadeiro. Ele é a combinação de um gênio da programação ambicioso que estava no local certo (Harvard) e na hora certa (seus colegas de quarto ajudaram a tornar a ideia uma realidade).

O fato de o Facebook ter nascido em Harvard explica em parte seu sucesso inicial, já que levava a credibilidade e a grife da universidade aos usuários. Afora isso, Harvard possui um dos mais competitivos contextos sociais de todo o mundo acadêmico. Pessoas talentosas, ricas e de famílias tradicionais encontraram no Facebook um espaço para apresentar o que tinham de melhor para os outros colegas. A competição do ecossistema Harvard pode extrapolar o mundo físico e ir para o universo digital.

Os colegas de quarto também foram decisivos para o início e crescimento do negócio. Dustin Moskovitz, um talentoso programador que morava no quarto ao lado de Zuckerberg, foi quem ajudou na programação, arquitetura e montagem da infraestrutura para fazer a ferramenta funcionar. Além disso, sua participação, durante a migração da empresa para Palo Alto na Califórnia, foi decisiva para tornar o Facebook realmente importante e abrangente.

Outros dois colegas também exerceram atividades significativas no início. Chris Hughes desempenhou um importante papel de relações públicas e divulgação do Facebook em Harvard e outras universidades. Sua competência também pode ser atestada anos depois quando ele coordenou as ações nas mídias sociais da campanha do então candidato Barak Obama[11]. Já Eduardo Saverin foi o primeiro investidor anjo da ideia de Zuckerberg; sem ele não haveria como pagar as despesas iniciais, como o aluguel dos servidores, além de ter sido o responsável por formalizar a empresa e realizar a gestão financeira no início.

O Facebook tem mudado como as empresas fazem negócios e operam, tem sido um canal de comunicação entre governos e cidadãos e uma nova ferramenta de ativismo político. No princípio da *world wide web*, dizia-se que todos teriam uma página na internet; hoje isso está se tornando realidade. Todas essas mudanças têm a identidade do seu principal mentor: um jovem gênio ex-estudante de Harvard.

Perfil

Nome:	Mark Elliot Zuckerberg
Nascimento:	14 – maio – 1984
Local:	White Plains – Nova York – Estados Unidos
Principais Negócios:	Facebook.
Principais Inovações:	Facebook.com e suas diversas funcionalidades (mural, feed de notícias, marcação de fotos, botão curtir, plataforma de jogos sociais e timeline).

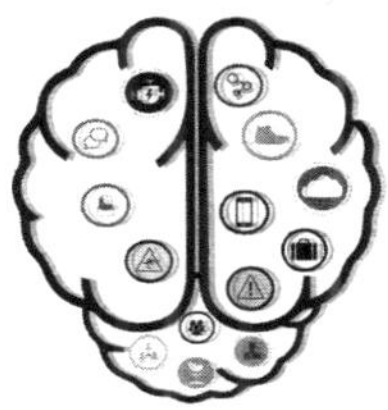

Capítulo 3

ANTECEDENTES

STEVE JOBS

Steven Paul Jobs nasceu em São Francisco, Califórnia, em fevereiro de 1955. Seus pais biológicos o colocaram para adoção logo após seu nascimento, pois a família de sua mãe (Joanne Carole Schieble) era originária de descendentes alemães católicos que eram contra seu relacionamento com Abdulfattah "John" Jandali (um imigrante muçulmano sírio, que havia chegado aos Estados Unidos poucos anos antes para cursar doutorado).

Jandali era professor-assistente da Universidade de Winsconsin e os dois haviam se conhecido quando Joanne foi sua aluna. Na metade de 1954, eles foram visitar a tradicional e abastada família de Jandali na Síria e, quando retornaram, dois meses depois, descobriram que ela estava grávida. Em 2011, Jandali falou sobre esse período para o *New York Post*[1]:

> "Eu estava apaixonado por Joanne, mas infelizmente seu pai era um tirano e não a deixaria se casar comigo, já que eu vim da Síria. Por isso ela me disse que daria a criança para adoção... Sem me contar, Joanne foi morar em São Francisco para ter o bebê sem ninguém saber. Ela não queria envergonhar sua família e pensou que essa seria a melhor saída para todos. Sinceramente, não sei se Steve sabe que, se fosse minha escolha, eu adoraria ter ficado com ele. Acho que depois de nos reencontrarmos, Joanne começou a ter dúvidas sobre a adoção, mas daquele ponto em diante não podíamos fazer mais nada."

Joanne foi para São Francisco, pois seu pai a ameaçou deserdá-la caso se casasse com Jandali (pouco tempo depois de Jobs nascer o pai dela morreu e os dois acabaram se casando, porém àquela altura o destino dele já estava selado)[2].

A adoção acabou por ser a escolha para o futuro do menino. Joanne fez a exigência de que ele deveria ser adotado por pessoas com formação universitária, para que pudesse ter uma vida confortável. Até o dia do nascimento tudo estava acertado para que um advogado e sua esposa o adotassem, porém quando revelou-se um menino, eles desistiram, pois desejavam uma menina[3]. Era preciso encontrar novos pais para ele.

Paul Reinhold Jobs e Clara Jobs, de São Francisco, receberam em sua casa o menino com uma semana de vida e o batizaram de Steven Paul Jobs. Como não tinham formação universitária, logo se criou um impasse quando Joanne descobriu onde ele havia ido parar. Ela ameaçou revogar a adoção, porém cedeu quando os pais adotivos assinaram um documento garantindo que criariam um fundo de reserva para garantir o acesso do menino à universidade[4].

Quando Jobs tinha cinco anos, o casal de operários Paul e Clara mudaram-se para Mountain View, na Califórnia (na época, uma cidade ainda rural que depois se transformou no Vale do Silício). Paul trabalhava como carpinteiro e mecânico, e foi consertando carros que começou aproximar Steve da eletrônica. Ele comprava carros danificados e os consertava para revender. Apesar de ainda rudimentar a eletrônica embarcada nos carros da época, o filho gostava de acompanhar o pai na busca por peças para consertar os carros[5].

A mudança para Mountain View foi definitiva para o futuro empreendedor Steve Jobs. Ali começava a crescer um polo de empresas de tecnologia militar e civil como Hewlett-Packard (HP), Lockheed e outras tantas. O desenvolvimento dos semicondutores gerava progresso na região e demandava cada vez mais a presença de engenheiros para trabalhar nessas empresas.

Todo esse movimento baseado na indústria dos chips e circuitos integrados acabaria criando na região do Vale de Santa Clara, que englobava o sul de São Francisco, Palo Alto, Mountain View e Sunnyvale, o que ficou conhecido como o Vale do Silício[6]. Steve cresceu rodeado de pessoas e empresas que estavam trabalhando em uma nova economia.

Nos primeiros anos na escola Monta Loma Elementary, ele foi um aluno problema. Além de sua mãe já o ter ensinado a ler antes mesmo de ingressar no primeiro ano, o modelo autoritário do sistema de ensino criou sérias dificuldades de adaptação. Até o quinto ano Jobs se mostrava pouco desafiado pelas aulas por considerar fácil demais. Tal habilidade o fez pular a sexta série e ir direto para a sétima. Foi nesse ano que houve a transição para uma nova escola, a Crittenden Middle, onde ele ficou por dois anos. A partir do nono ano ele foi para a Homestead High, e foi nessa época que ele intensificou sua relação com a eletrônica[7].

Foi nessa época também, no final dos anos 1960, que a cultura hippie e geek começava a ganhar força. Jobs se identificou com elas e seus amigos eram basicamente pessoas inteligentes que gostavam de ciência, matemática, eletrônica, porém com todos os comportamentos típicos da contracultura.

Ainda jovem, começou a ter curtas experiências em um estágio na HP, entregando jornais e como estoquista de uma loja de peças eletrônicas. Os dois últimos anos do ensino médio foram importantes para ele se conectar ainda mais com a eletrônica, fazendo inclusive o tradicional curso do professor McCollum[8]. Nessa mesma época Jobs conheceu Wozniak, fazendo inclusive um dispositivo para realizar ligações internacionais sem pagar para as operadoras. Foi a primeira parceria entre os dois que depois fundariam a Apple.

Quando finalizou o ensino médio, chegou a hora de cumprir a promessa feita na adoção: ir à faculdade. Ao invés de escolher opções mais óbvias e próximas como Berkeley e Stanford, ele optou pela Reed College em Portland, no estado vizinho do Oregon. O que o atraiu para lá, foi o conhecido espírito livre e hippie da instituição, já que naquela época isso combinava muito com seu jeito de ser. Foi nessa época que ele começou a praticar o vegetarianismo, zen-budismo e a frequentar templos hare-krishna[9].

Após apenas um semestre cursando as cadeiras obrigatórias, Jobs desistiu do curso e passou a frequentar apenas aquelas que lhe pareciam interessantes. Arte e tecnologia eram as que mais o atraíam. Um ano e meio depois, ele desistiu oficialmente e voltou para a Califórnia em busca de um emprego na área de tecnologia. Um anúncio que dizia "Divirta-

-se e ganhe dinheiro" atraiu sua atenção. Jobs foi um dos 50 primeiros funcionários da Atari[10].

O emprego na Atari era uma forma de conseguir dinheiro para financiar sua viagem à Índia, em busca de seu guru espiritual. Na metade de 1974 ele embarcou em sua jornada, que durou sete meses. Frustrado por descobrir que o guru que estava buscando já havia morrido, ele partiu para uma longa peregrinação pelo país em busca de iluminação, aumentando seu envolvimento com a espiritualidade oriental[11].

Na volta aos Estados Unidos, procurou novamente a Atari para ter seu emprego de volta. O gosto pela tecnologia e eletrônica o reaproximou do amigo Steve Wozniak, e depois de alguns pequenos trabalhos em conjunto, eles começariam a criar a história da indústria dos computadores pessoais.

JEFF BEZOS

Jeffrey (Jeff) Preston Jorgensen nasceu no dia 12 de janeiro de 1964 na cidade de Albuquerque, Novo México, fruto de um breve relacionamento entre Ted Jorgensen e Jacklyn (Jackie) Preston. Os dois ficaram casados um ano e meio, quando então sua mãe com apenas 18 anos, passou a criá-lo sozinha[12].

Depois da separação, Jackie Preston conheceu Miguel Bezos, que se tornaria o pai adotivo de Jeff poucos anos depois. Curiosamente, o pai de Jacklyn trabalhava para o governo em projetos importantes e inclusive havia trabalhado no desenvolvimento do sistema ARPAnet[13], que foi o alicerce do que se tornaria a internet e depois mudaria a vida do neto.

Miguel Bezos chegou aos Estados Unidos na década de 1960, proveniente de Cuba com apenas 17 anos, e buscou alojamento com outros refugiados. Depois de completar o ensino médio, Miguel (que passou a se chamar Mike nos EUA) mudou-se da Flórida para o Novo México para cursar a faculdade de engenharia. Nesse período conheceu Jackie. Mike Bezos criou Jeff como filho e o adotou oficialmente em 1968, quando casou-se com Jacklyn, alterando o nome do filho para Jeffrey Preston Bezos[14].

Desde pequeno, Jeff se envolvia com diferentes projetos caseiros, especialmente influenciado pelo avô e pelo pai. Essa curiosidade acabou ensinando a Jeff que não existem problemas sem solução. Para ele os obstáculos eram desafios e oportunidades desafiadoras para finalizar seus projetos, que iam desde consertar moinhos de vento até construir um rádio amador.

Jeff Bezos foi um excelente aluno nos ensinos fundamental e médio, ganhando inclusive o prêmio de ciências entre todos os estudantes de sua escola[15]. No discurso de formatura, Jeff, o orador da turma, já mostrava seu desejo de construir algo grande na sua vida e falava em criar colônias no espaço e estações espaciais. Quando adolescente, havia indícios de que teria um futuro brilhante pela frente. Suas principais características de liderança, concentração, criatividade e capacidade de encarar desafios o destacavam perante os outros adolescentes[16].

Aos 18 anos ele lançou sua primeira iniciativa empreendedora com um curso de verão para crianças do bairro[17]. Ao finalizar o ensino médio, Princeton foi a universidade escolhida para cursar engenharia elétrica e ciência da computação. Novamente suas características de liderança e inteligência o levaram a presidente da sua república e a uma formatura com *summa cum laude* em 1986[18]. (O termo latino significa "com a maior das honras", indicando que Bezos cumpriu a universidade com maior distinção e qualificação.)

Seu desempenho em Princeton acabou gerando uma série de convites de empregos por parte de grandes empresas como Intel, Bell Labs e Andersen Consulting. Ele acabou optando por trabalhar em uma empresa de tecnologia menor com sede em Nova York, chamada Fitel, e seu cargo seria gerente de administração e desenvolvimento. Logo em seguida, foi trabalhar como assistente do vice-presidente de serviços fiduciários globais na Bankers Trust Company[19]. Já nessa época Jeff conseguia descartar aquilo que era secundário e focar nas coisas relevantes para o negócio e sua carreira.

Em 1990, quatro anos após sua formatura, ele ainda não se sentia preparado para abrir seu negócio, mas estava buscando outras oportunidades em sua carreira como executivo. Uma empresa de investimentos chamada D.E. Shaw & Co., que utilizava a tecnologia para auxiliar os corretores a tomar decisões, foi a escolhida por Jeff. Contratado como vice-presidente aos 26 anos, encontrou no seu fundador, David Shaw, uma figura inteligente que o inspirava como empresário e gestor, já que em sua empresa havia um clima aberto, informal e criativo. Diferentemente de outras empresas de Nova York, na D.E. Shaw havia, por exemplo, uma política de férias flexível e um código de vestuário informal[20].

Uma das incumbências de Jeff era buscar novas oportunidades de negócio, e a internet parecia uma caminho interessante em 1994. A pesquisa apontou que o uso da web crescia exponencialmente e que no segundo trimestre daquele ano a taxa era nada menos que 2.300% ao ano. Os números o animaram e a sugestão que deu ao chefe foi vender livros pela internet.

Shaw achou essa oportunidade muito distante do core business atual do seu negócio, rejeitando-a. Com a recusa de sua ideia por parte do empregador, ele decidiu apostar sozinho nela, fazendo-o desistir do ótimo emprego que já lhe gerava um salário anual de sete dígitos.

> "Eu sabia que quando tivesse 80 anos não haveria chance de lamentar ter desistido do meu bônus de 1994 em Wall Street no meio do ano. Eu nem sequer me lembraria disso. Mas acredito que haveria uma chance de lamentar significativamente por não ter participado dessa coisa chamada internet, na qual eu acreditava apaixonadamente. Também sabia que, se eu tivesse tentado e falhado, eu não lamentaria isso[21]".

O mercado de vendas de livros se mostrava particularmente atrativo, pois era bastante fragmentado, tanto em relação às editoras (havia milhares, e a maior detinha apenas 10% do mercado) quanto de livrarias (as duas maiores somadas chegavam a 25% do *market share*). Além disso, a venda de livros nos Estados Unidos estava em ascensão, tendo crescido 6,3% naquele ano[22]. Começava a nascer a Amazon.com.

SERGEY BRIN & LARRY PAGE

Sergey Brin e Larry Page se conheceram somente em 1995, quando o primeiro recepcionava os calouros do curso de doutorado em Stanford[23]. Ambos possuem algumas coisas em comum, como por exemplo terem sido educados pelo método Montessori, serem judeus e terem pais professores e pesquisadores, diretamente ligados ao mundo do conhecimento. A influência dos pais e da formação escolar influenciaram na trajetória dos dois, levando ambos à Stanford em busca do título de PhD. Lá eles compartilhariam o gosto pelos computadores e pela matemática, que levaria à criação do Google.

Lawrence Edward Page nasceu no dia 26 de março de 1973, em East Lansing, Michigan. O pai de Page, Carl Victor era professor de ciência da computação na Michigan State University, sendo um dos pioneiros a realizar pesquisas no campo da inteligência artificial e obter o título de PhD nessa área. Já sua mãe, Gloria Page, também era professora na mesma universidade e mestre em ciência da computação[24].

Todo esse envolvimento dos pais de Page com a tecnologia proporcionou o contato do filho muito cedo com o mundo dos computadores. Ele ganhou seu primeiro computador no final dos anos 1970, com apenas 6 anos, despertando um interesse imediato pela tecnologia. Um ano depois, Larry Page, com apenas 7 anos, entregaria um trabalho na escola totalmente redigido no computador, algo realmente extraordinário para um menino de 7 anos no início dos anos 1980[25].

Se os primeiros anos de Page foram tranquilos, típicos de uma família de classe média-alta americana, o mesmo não se pode dizer da família de Sergey Mikhaylovich Brin, seu futuro sócio no Google. Brin nasceu em Moscou, Rússia, no dia 21 de agosto de 1973, filho de um professor de matemática formado na Universidade Estadual de Moscou com PhD na área pela Universidade de Kiev.

Na época, Michael Brin trabalhava para a GOSPLAN, agência central de planejamento soviética, utilizando seus conhecimentos de matemática. Ele era casado com Eugenia, também formada em mecânica e matemática e que trabalhava como pesquisadora no Instituto Soviético de Petróleo e Gás[26]. Ambos tinha uma vida confortável para os padrões do regime comunista soviético e seu círculo de amizades eram de intelectuais ligados à universidade.

Apesar disso, assim como outras famílias, os Brins sofriam discriminação e perseguição por serem judeus. O regime soviético não era declarado antissemita, mas, na prática, impunha uma série de restrições relativas a cargos e possibilidades de crescimento profissional ao povo judeu. Michael Brin estava descontente com essa situação e decidiu deixar o país para ir aos Estados Unidos em busca de maior liberdade, além de livrar-se do preconceito[27].

Na época, para deixar a URSS, era necessário solicitar um visto de saída, algo que automaticamente fez com que ele e a mulher perdessem o emprego, criando uma séria dificuldade de sobrevivência, até que o visto fosse emitido meses depois. Em maio de 1979, eles deixaram a União Soviética e rumaram numa longa jornada até os Estados Unidos, estabelecendo-se no estado de Maryland.

Page cursou a pré-escola e parte do ensino fundamental na Okemos Montessori Radmoor School, em Michigan. Já Brin, entrou quando tinha 6 anos, recém-chegado da União Soviética, na Miskan Torah Hebrew School, mas em função da dificuldade de se relacionar com os colegas que implicavam com seu forte sotaque e dificuldade de aprender a língua inglesa, pediu para mudar de escola e foi transferido para a Paint Branch Montessori School em Maryland.

Assim como Jeff Bezos, também egresso desse tipo de orientação pedagógica, eles reconhecem que o método Montessori também impactou na forma de pensar e agir hoje.

Segundo Brin, "as escolas que seguem o método Montessori realmente ensinam a fazer as coisas meio que independentemente, em seu ritmo e em seu tempo... era um ambiente bastante legal e divertido — como aqui (no Googleplex)[28]".

Quando Page falou sobre esse período, apontou que tanto ele quanto Brin foram influenciados por essas experiências de buscar coisas novas, questionar as regras e criar, características do modelo pedagógico conhecido por estimular a atividade, a individualidade e a liberdade para pensar:

> "Ambos frequentamos escolas Montessori e acredito que era parte do nosso treinamento não seguir as regras e ordens, estar automotivados, questionando o que estava acontecendo no mundo, fazendo as coisas de um jeito um pouco diferente[29]."

Desde pequeno, Page já tinha contato em casa com computadores e revistas científicas, devido à profissão de seus pais na universidade. Brin também começou cedo a lidar com computadores, recebendo de presente dos pais o primeiro quando tinha 9 anos[30]. Ambos eram excelentes alunos, tinham pais que valorizavam muito o desempenho escolar e esperavam que no futuro os filhos pudessem também cursar o doutorado.

Influenciado e estimulado pelo pai, que proporcionava lições adicionais em casa, Brin desenvolveu o gosto pela matemática e passou a ser reconhecido como um prodígio da matéria, muito à frente de seus colegas. Toda essa inteligência com os números proporcionava embates com os professores, quando achava que não estavam ensinando corretamente[31].

Quando passou para o ensino médio foi para a Eleanor Roosevelt High School e novamente destacou-se pela inteligência. Ao invés de cumprir os 4 anos regulares, ele cursou apenas 3, já se habilitando para ir à universidade.

Na família Page, a tecnologia era um programa de família. O irmão de Larry, Carl Junior era um dos seus tutores no quesito programação e uma inspiração, já que é 9 anos mais velho. Carl já frequentava a faculdade e fazia com que o irmão participasse das tarefas e o estimulava a desmontar os equipamentos eletrônicos da casa. Ele foi um ótimo aluno na East Lansing High School e, após concluir, foi estudar engenharia da computação na Universidade de Michigan em Ann Arbor. Foi lá que começou a se interessar por carros movidos a energia solar, o que anos depois influenciaria seu investimento na empresa Tesla[32].

Brin começou o curso de matemática na Universidade de Mariland e, com apenas 19 anos, formava-se com honras em matemática e ciência da computação, habilitando-se a uma bolsa da National Science Foundation. Ele escolheu a renomada Universidade de Stanford para seus estudos de doutorado, pelo prestígio, mas também pela fama de fomentar empreendedores. Porém, naquele momento, a ideia ainda era obter o PhD e seguir a carreira acadêmica que seus pais esperavam dele.

Em 1995, Larry Page viajou de Michigan para conhecer Stanford, onde iniciaria seu doutorado em ciência da computação. Antes disso, havia tido curtas experiências em duas empresas de tecnologia: Advanced Management Systems e CogniTek[33]. Por coincidência, o responsável pelo tour no campus era Sergey Brin.

Quando esteve em Stanford, Brin se mostrava curioso em relação a diferentes matérias e atividades. E envolvia-se com estudos que iam desde a proteção de direitos autorais até biologia molecular, além de praticar atividades como iatismo, trapézio e natação. As cadeiras do doutorado não representavam um grande desafio intelectual para ele, pois muitas das matérias já eram conhecidas. Para ele: “quanto mais voltas você der, maiores serão as chances de encontrar algo valioso[34]”.

O destino reservava algo maior para eles, e a frustração dos pais ao não ver os filhos completar o curso seria minimizada pela fundação de uma empresa que mudaria a maneira como as pessoas buscam informação na internet.

MARK ZUCKERBERG

Mark Elliot Zuckerberg nasceu em 14 de maio de 1984 em White Plains, Nova York. Ele teve uma infância tranquila financeiramente, fruto do trabalho do pai Edward, dentista, que mantém até hoje seu consultório na casa da família. A mãe, Karen, psiquiatra de formação, deixou de exercer a profissão para poder se dedicar a criar os quatro filhos (Randi, Donna e Arielle, além de Mark)[35].

Mark sempre foi considerado excelente aluno na escola, desde o ensino fundamental até chegar à Phillips Exeter Academy em New Hampshire. Durante esse período, destacava-se em matérias como línguas (sabia ler e escrever em francês, latim, hebraico e grego, além da língua inglesa), matemática, física e até astronomia. Também se dedicava a esgrima, tendo sido capitão do time da escola[36].

Mark pode ser considerado um menino prodígio na sua infância, além do excelente desempenho acadêmico, também fazia coisas impressionantes com os computadores. O interesse por programação começou cedo e foi incentivado pelos pais, que chegaram a contratar um professor particular para acompanhar Mark.

Com apenas 12 anos de idade desenvolveu um programa que chamou de Zuckernet, um comunicador por mensagens que seu pai passou a utilizar no consultório para avisar da chegada de um novo paciente sem interromper a consulta com uma ligação.

Ele também desenvolveu jogos e outros programas que faziam sucesso entre os amigos. Quando estava no ensino médio, o talento com programação começou a apontar para um futuro brilhante. Nesse período desenvolveu um programa chamado Synapse, no qual indicava aos usuários quais eram as músicas em que ele poderia estar interessado, baseado na análise do perfil musical. O produto chamou a atenção de empresas gigantes como AOL e Microsoft, que tentaram comprar o programa e recrutar Mark para trabalhar nelas, antes mesmo dele finalizar os estudos[37].

Quando chegou a hora de decidir seu futuro, a escolha por um curso superior relacionado a computadores foi algo natural. Além disso, dado todo seu histórico e desempenho escolar, ser aceito na Universidade de Harvard também não foi surpresa.

Em 2003, logo que chegou à Universidade de Harvard para estudar ciência da computação e sociologia, o calouro Zuckerberg desenvolveu uma reputação perante os colegas no campus de grande programador. De alguma forma, os desenvolvimentos anteriores ao Facebook já demonstravam o seu interesse pelas relações sociais e interação entre as pessoas. No seu primeiro ano, ele criou uma aplicação chamada Course Match[38].

A ideia do Course Match era permitir que os estudantes pudessem ver quem estava matriculado em cada disciplina. A ferramenta auxiliava na escolha das turmas, com base nos alunos já matriculados. Era possível filtrar pelo nome do aluno ou pelo curso, o que tornou algumas aulas extremamente concorridas em função de quem as estava assistindo. O site se tornou popular rapidamente entre os estudantes, sendo um embrião do que no futuro se tornaria uma rede social interativa para aproximar pessoas.

Além do Course Match, ele inventou o Facemash, que comparava fotos de dois estudantes do campus, permitindo que os usuários votassem no mais atraente dos dois[39]. O lado hacker dele foi colocado em ação para que pudesse baixar as fotos de diferentes diretórios e repositórios de Harvard. Assim como o anterior, o Facemash se popularizou rapidamente, mas devido a reclamações de diferentes naturezas, inclusive de violações de sistemas e de direitos individuais, Zuckerberg foi forçado a tirá-lo do ar, levando uma advertência formal da instituição que por pouco não acarretou na expulsão da universidade.

Toda essa repercussão em torno dos projetos anteriores colocou Zuckerberg em evidência na cena de programação entre os estudantes. Seus trabalhos anteriores eram atestados de sua capacidade técnica de programar rapidamente e com qualidade. Esse fato fez com que três estudantes de outra fraternidade de Harvard procurassem Zuckerberg para desenvolver projetos de redes sociais: o Harvard Connection. Divya Narendra e os gêmeos Cameron e Tyler Winklevoss contrataram Zuckerberg para fazer a programação do que imaginavam ser um programa que facilitasse os encontros entre estudantes (algo bastante importante em tempos de faculdade).

Ele aceitou fazer o trabalho, porém rapidamente o deixou de lado, pois tinha uma ideia que demandaria seu tempo até que fosse lançada, criando um grande desconforto com seus contratantes. Anos depois, esse episódio se tornou um processo judicial que acarretou em um acordo entre as partes, mediante pagamento de indenização aos gêmeos Winklevoss e Narendra[40].

O projeto que tomava o tempo de Zuckerberg era uma rede social, para aproximar as pessoas que se conheciam na vida real, mudando inicialmente as relações dos estudantes de Harvard e depois de toda a humanidade. Estava nascendo o Facebook.

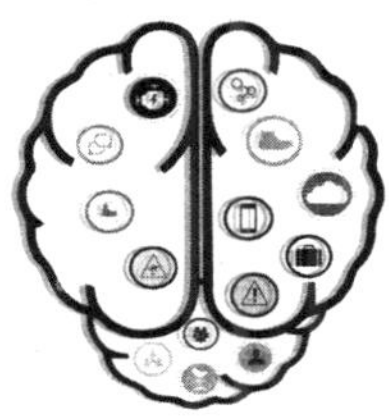

Capítulo 4

INOVAÇÕES E CONQUISTAS

STEVE JOBS

A amizade e afinidade entre Jobs e Wozniak iniciou-se em 1971, quando um amigo em comum de ambos (Bill Fernandez) apresentou-os. Apesar de Jobs ser 5 anos mais novo que Wozniak (ele tinha 16, ao passo que o novo amigo possuía 21), a afinidade de ambos em relação à tecnologia rapidamente os aproximou. Em 1976, Wozniak criou um computador para uso pessoal com uma placa de circuito impresso no qual Jobs prontamente viu uma ótima oportunidade comercial.

Naquele mesmo ano, Jobs e Wozniak, juntamente com Ronald Wayne fundavam a Apple, na garagem da casa dos pais de Jobs. Wayne havia trabalhado com Jobs na Atari e foi convidado a integrar a nova empresa para aportar certa maturidade à sociedade, já que tinha mais de 40 anos na época e boa experiência em gestão. Menos de um mês depois da fundação da empresa, ele sairia dela vendendo a valores irrisórios sua participação (10% do total de ações) por temer que seus bens pessoais pudessem ser alvo de futuros credores, caso o negócio não desse certo[1].

A nova empresa foi chamada de Apple Computer e o primeiro produto foi batizado de Apple I. Antes de iniciar a venda, a máquina foi apresentada em uma importante comunidade de usuários e hobistas da Califórnia chamada Homebrew Computer Club. Essa era uma comunidade de entusiastas de tecnologia que se reunia para discutir novidades e alternativas para um setor que estava nascendo, o de computadores pessoais.

Naquele momento, os computadores pessoais eram direcionados a um público bem específico e limitado, normalmente voltado para engenheiros aficionados por tecnologia. Eles precisavam comprar as peças e montá-las sobre uma bancada. Era um processo artesanal que ainda demandava acrescentar uma fonte elétrica, um monitor e um gabinete de madeira (eles costumavam utilizar caixotes de laranja pela facilidade de acesso).

Para Jobs, havia uma grande oportunidade de negócio naquele contexto, computadores não deveriam ter aquele visual amador e ser restrito a hobistas, este termo restringe-se basicamente àquelas pessoas que viam nos computadores uma forma de passar o tempo livre e se divertir com o desafio de montar e configurar as máquinas, normalmente não tendo a intenção de torná-las um instrumento de trabalho ou fonte de renda.

Ele queria vender computadores pessoais de qualidade, sobretudo prontos, para que qualquer pessoa pudesse utilizar. Pensando nisso, os computadores da Apple não poderiam parecer kits "faça você mesmo", mas sim produtos acabados, o que os tornaria produtos de consumo de massa (mesmo assim, ainda era necessário adicionar teclado, gabinete e monitor para começar a utilizar).

Foram produzidos e vendidos 200 computadores Apple I, reforçando ainda mais a convicção de Jobs do computador como produto de consumo de massa.

O projeto do Apple II materializaria a visão de Jobs em vender um computador completo e pronto para usar, não precisando adicionar nenhuma peça, como teclado, monitor ou transformador. O gabinete, antes feito de madeira, passaria a ser peça fundamental no novo produto. Quando tirado da caixa, seria apenas necessário ligar na tomada para iniciar a experiência computacional:

> "Estava claro para mim que, para cada hobista de hardware que queria montar seu próprio computador, havia mil pessoas que não sabiam fazer isto, mas queriam mexer com programação... assim como eu quando tinha 10 anos. Meu sonho para o Apple II era vender o primeiro computador realmente completo... Eu cismei que queria o computador dentro de um gabinete de plástico[2]".

Aquele era o início da revolução dos computadores pessoais, e o Apple II teve vendas expressivas. Foram vendidos milhares no primeiro ano. Ele combinava facilidade de utilização com preço acessível para classe média e escolas. Além do produto totalmente inovador, Jobs insistiu que o mesmo tivesse garantia de 1 ano, enquanto a prática vigente do mercado era de 90 dias.

Tudo isso somado a uma abordagem de comunicação diferenciada com o mercado, resultou num grande sucesso comercial. Do ano do lançamento (1977) até a descontinuação da linha (1993), vários modelos foram lançados e quase 2 milhões de computadores foram vendidos[3].

O sucesso do Apple II colocou a empresa e Jobs nos holofotes do mercado. Em 1980, apenas quatro anos depois de ser fundada, a Apple abria o capital da empresa, lançando ações no mercado. Essa foi a maior oferta pública de ações desde a da Ford Motor Company em 1956, tornando Jobs multimilionário com apenas 25 anos. Em 1983, a Apple entrou na lista das maiores empresas americanas (Fortune 500) na posição 411, a mais rápida ascensão de qualquer empresa na história dos negócios até aquele momento.

> "Eu valia pouco mais que um milhão de dólares quando tinha 23 anos e mais de 100 milhões de dólares quando tinha 25, e nada disso era muito importante, porque nunca fiz as coisas pelo dinheiro", disse Jobs[4].

Jobs sabia que o Apple II não sobreviveria para sempre e precisava de um sucessor. Além disso, muitas pessoas diziam que o mesmo tinha sido criado por seu sócio Wozniak e isso deixava Jobs bastante incomodado. Em 1980, foi lançado o Apple III, que não trazia grandes evoluções em relação a seu antecessor, sendo considerado uma das grandes decepções na história da empresa. Era hora de desenvolver um computador totalmente novo, e Jobs mirava em algo radicalmente diferente, assim como fizera com o Apple II.

O novo produto foi batizado de Lisa (curiosamente, o nome da filha que Jobs abandonara anos antes). Durante o desenvolvimento ele foi afastado da equipe técnica em função de desavenças com outros executivos pela forma de trabalhar e sua visão sobre como deveria ser o produto final.

O resultado final foi um computador caro voltado para grandes corporações, algo fora do DNA da Apple. Esse afastamento fez com que Jobs se concentrasse no desenvolvimento de outro projeto considerado secundário na época e que rodava em paralelo ao desenvolvimento do Lisa.

Depois de fracassos como o Apple III e o Lisa, chegava a hora do lançamento do Macintosh, ou como ficou conhecido, o Mac. Seria outra revolução, já que Jobs queria que ele fosse o Fusca dos computadores: acessível ao grande público, eficiente e barato de produzir. Para combinar um produto de qualidade e barato, Henry Ford e o famoso caso do Modelo T serviram de inspiração para que o Mac tivesse apenas uma configuração[5].

Jobs enxergava que o comprador do Mac poderia ser qualquer pessoa, com ou sem experiência com computadores, sendo necessário que houvesse uma combinação de facilidade de uso e preços acessíveis. Insistia que o novo usuário não deveria ter que configurá-lo antes de usar e não precisaria conectar o gabinete ao monitor, além de não ter que aprender nenhum conjunto de comandos para utilizar suas funcionalidades.

Boa parte do desafio de construir uma máquina com essas características foi resolvida depois de uma visita que Jobs e a equipe do Mac fizeram anos atrás ao Xerox Parc, centro de pesquisa e desenvolvimento da empresa de copiadoras. Lá ele teve acesso a uma tecnologia que havia sido desenvolvida, mas que os executivos da empresa não sabiam exatamente qual seria sua aplicação.

Eles apresentaram a tecnologia de interface gráfica que prontamente Jobs identificou como uma possível revolução, caso fosse aplicada à computação. Essa tecnologia permitiu construir as bases da computação pessoal atual: janelas, menus, gráficos e um mouse que guia a execução das ações.

Com todos esses atributos relacionados ao hardware e ao software, restava agora convencer os consumidores que o produto não deveria ficar restrito a engenheiros aficionados por tecnologia. Coube a uma campanha publicitária criativa chamada de 1984 e às apresentações pessoais do próprio Jobs a tarefa de posicionar o Mac como produto revolucionário.

A equipe do Mac havia produzido um computador conveniente, com ícones e menus simples, tudo controlado por um dispositivo inovador que se movimentava pela tela — o mouse. No lançamento eles haviam identificado dois mercados principais: 25 milhões de trabalhadores do conhecimento, além de 11 milhões de estudantes em todos os Estados Unidos[6]. O Macintosh era um grande produto para um grande mercado potencial.

Um ano antes do lançamento do Mac, em 1983, Mike Markula, então presidente da Apple, estava querendo aposentar-se, porém achava que Jobs era muito imprevisível para assumir o cargo. Assim, iniciou-se a busca por um sucessor de Jobs que influenciou decisivamente para trazer alguém que acreditasse ter o estilo Apple para gerenciar o negócio. O nome preferido era John Sculley, então presidente da Pepsi e reconhecido por suas habilidades em marketing. Seis anos antes, Sculley havia sido nomeado o presidente mais jovem da gigante de refrigerantes e, durante seu período como gestor, foi responsável por várias iniciativas de sucesso que fizeram a Pepsi crescer e ameaçar as vendas da rival Coca-Cola[7].

Trazer Sculley para a Apple não foi tarefa fácil para Jobs. O "namoro" para convencê-lo foi comparável a contratar um craque do futebol. Depois de inúmeras conversas, ele finalmente aceitou assumir a presidência da Apple. O que parecia uma grande conquista para o fundador da empresa acabou sendo um dos grandes erros de sua carreira. Mesmo com o sucesso inicial do Macintosh, no qual Sculley teve participação importante na campanha de comunicação e vendas, a relação entre os dois foi se desgastando, e algum tempo depois podia-se perceber que o estilo de gestão dos dois não era compatível.

Basicamente, Jobs não gostava do pouco envolvimento de Sculley com os produtos Apple, achava que ele não buscava entender os detalhes de engenharia que faziam a diferença. Somado a isso, Sculley aumentou o preço do Macintosh, algo que Jobs acreditava ser o caminho errado pois queria popularizar o produto. Por outro lado, Sculley não gostava do jeito grosseiro como Jobs criticava as pessoas em reuniões e no dia a dia[8]. Aliás, esse massacre psicológico acabou por gerar desafetos em vários setores da empresa.

Em maio de 1985, a situação chegou ao limite. O conselho da empresa decidiu que Jobs deveria deixar o comando da divisão Macintosh e sugeriu que se dedicasse a uma unidade que seria criada para ele pensar em novos produtos, o Apple Labs. Ele recusou, sendo alocado como presidente do conselho na esperança de tirá-lo da operação e transformá-lo em um líder visionário global. Obviamente, Jobs percebeu que sua nova posição não tinha a importância desejada e resolveu começar a pensar em novos desafios.

A situação com a Apple ficou ainda mais tensa quando ele foi ao conselho de administração e informou que deixaria o cargo para fundar uma nova empresa e que levaria consigo cinco funcionários de sua confiança. Esse desfalque foi visto como uma abordagem antiética por parte de alguns membros, fazendo com que após o pedido de demissão a empresa o processasse[9].

Jobs vendeu todas as suas ações após a saída, capitalizando-se em mais de 100 milhões de dólares para iniciar seu plano de vingança. Com o propósito de vender computadores potentes para universidades, ele fundou a NeXT. A ideia original de vender o hardware em grandes negociações com instituições de ensino e pesquisas jamais decolou. Em oito anos, foram vendidos apenas 50 mil computadores[10], fazendo com que o negócio migrasse de hardware para software anos depois. Essa empresa posteriormente se mostraria valorosa e seria importante para a volta de Steve Jobs à Apple.

Em 1986, Steve Jobs realizou outro investimento que se mostraria acertado posteriormente. A empresa se chamava Graphics Group e pertencia a George Lucas, famoso diretor de Hollywood dos filmes da série *Guerra nas Estrelas*. Lucas passava por um momento de separação da mulher e precisava de dinheiro. Jobs viu naquele negócio uma grande oportunidade para criar algo marcante, combinando animações e tecnologia.

A empresa era formada por talentosos animadores em computação, mas precisava de alguém como Jobs para fazê-la decolar. A empresa, que mudou o nome para Pixar, fabricava hardware (um potente equipamento destinado a empresas de animação gráfica), software (dedicado a produzir animações) e alguns curtas-metragens baseados nas tecnologias desenvolvidas que tinham como principal objetivo mostrar o potencial dos outros dois.

Tanto a venda do hardware quanto do software possuíam um mercado bastante restrito, porém, anos depois, Jobs percebeu que o mercado de massa estaria na produção das animações digitais. Ele já havia colocado mais de 50 milhões de dólares do próprio bolso para manter o desenvolvimento tecnológico da empresa e era preciso encontrar uma maneira de fazer o negócio dar certo. Em 1991, a Walt Disney Company já era uma das principais clientes da Pixar, comprando os equipamentos e software, então, Jobs foi ao parceiro com uma cartada que o colocaria novamente na trilha do sucesso.

A proposta era desenvolver em conjunto um filme utilizando somente animação digital. A Disney financiaria o projeto e pagaria parte da renda para a Pixar. A primeira produção, *Toy Story*, obteve sucesso instantâneo nas telas, recuperando o investimento já no primeiro final de semana, com a renda da bilheteria, além de ser o filme com maior bilheteria do ano[11].

Esse foi o primeiro de uma série de sucessos que foram produzidos anualmente pela Pixar, como *Vida de Inseto*, *Nemo*, *Cars* e *Wall-E*, entre outros. Logo depois da estreia de *Toy Story*, a empresa abriu o capital e a participação de Jobs chegou a 1,2 bilhão de dólares, recuperando com folga o investimento que havia feito até aquele momento. Em 2006, a Disney comprou a Pixar por 7,4 bilhões de dólares, tornando Jobs o maior acionista individual da Disney[12].

Em 1996, a Apple passava por sérias dificuldades mercadológicas e financeiras. Seus produtos haviam perdido os diferenciais de design e desempenho que outrora colocaram a empresa no topo. Mais de 1.300 pessoas já haviam sido demitidas e havia pouca perspectiva em relação ao futuro do negócio. Mesmo assim, as tentativas para resgatar a empresa continuavam. Um elemento importante da estratégia de integração hardware e software, o sistema operacional precisava ser renovado e o programa interno de desenvolvimento não atenderia às necessidades de prazo e funcionalidades desejadas. Naquele momento, Sculley já havia deixado a empresa, e o então CEO, Gil Amelio, foi designado para coordenar a busca de uma solução no mercado.

Basicamente, havia três alternativas viáveis de sistemas operacionais disponíveis: o Windows da Microsoft, o Be (de uma empresa fundada pelo sucessor de Jobs na Apple, no momento de sua saída) e o sistema chamado NeXTStEP, justamente um dos softwares desenvolvidos pela empresa de Jobs. Depois de um processo complicado de escolha, a Apple optou pela solução de Jobs, adquirindo a NeXT por mais de 400 milhões de dólares. Amelio foi CEO durante aproximadamente 18 meses e, provavelmente, a decisão de comprar a NeXT foi a mais acertada de sua gestão.

Era o começo da reaproximação de Jobs com a empresa que havia fundado. Inicialmente ele pediu para ser consultor do presidente do conselho, um trabalho que demandaria pouco envolvimento, já que ele ainda era CEO da Pixar, mas também o deixaria mais próximo da tomada de decisões da Apple. Em decorrência dos maus resultados, Amelio foi demitido e Jobs foi convidado para assumir interinamente como CEO. Aquele era um momento de grande crise para a Apple, que havia perdido completamente o rumo criado por Jobs e Wozniak durante anos.

Um ano depois, ele assumiria definitivamente o cargo de CEO. Quando chegou, o portfólio de produtos era superior a 40, indo desde PDAs até impressoras, não havendo nenhum produto extraordinário que pudesse alavancar as vendas.

> "O que eu encontrei quando cheguei lá foi um zilhão e meio de produtos. Era espantoso. E comecei a perguntar às pessoas: por que recomendaria um 3400 e não um 4400? Quando alguém deveria fazer um upgrade para um 6500 e não um 7300? Três semanas depois, continuava sem conseguir entender. Se eu não conseguia entender aquilo... como é que nossos clientes poderiam entender[13]?", disse Jobs anos mais tarde.

Era hora de colocar a casa em ordem, e Jobs começou cancelando projetos de hardware e software para focar no desenvolvimento de quatro novos modelos. Esses seriam para dois mercados — usuários comuns e profissionais — e estariam divididos em portáteis e de mesa.

A partir daquele momento, não haveria mais produtos baratos de baixa qualidade, somente equipamentos de primeira classe, visando um mercado *premium* de produtos. A nova estratégia privilegiava altas margens em vez de grandes volumes. Além disso, a própria operação da empresa ganhou eficiência, já que menos modelos também significava uma redução nos estoques.

O primeiro produto da nova era da Apple foi o Power Macintosh G3, um computador profissional apresentado em novembro de 1997. O G3 foi um grande sucesso entre os usuários profissionais. Na sequência, ainda vieram o iBook e a nova versão do PowerBook — ambos grandes sucessos. Mas a inovação mais marcante da nova era acabou sendo o iMac, um computador inspirado em cores de frutas intensas, transparências e com design arredondado. O iMac trazia monitor e unidade de processamento numa única peça e um design extraordinário, como os primeiros modelos da linha Macintosh. Foram vendidas seis milhões de unidades, tornando o iMac o computador mais vendido de todos os tempos[14].

A situação começou a voltar a ser como nos velhos tempos da Apple de Jobs. De uma empresa falimentar, ela passou a ser vista novamente como diferenciada, capaz de produzir produtos extraordinários. Mesmo como o sucesso dos lançamentos na área de computadores, a transformação definitiva no rumo da Apple aconteceria em 2001, na introdução da linha iPod, com o lema de 1000 músicas em seu bolso. O até então fabricante de computadores passou a vender entretenimento, abrindo as portas para que o computador fosse visto como o hub digital para gerenciar música, fotos e vídeos. Surgia também o iTunes, como ferramenta de gestão das mídias em torno do computador.

Nesse mesmo ano, Jobs lançou a cadeia de lojas chamadas Apple Store. Ele já havia percebido que o varejo de produtos eletrônicos estava se concentrando em grandes lojas pouco especializadas. Ele achava que elas não davam o destaque necessário aos produtos Apple e queria construir um ambiente que estivesse à altura de suas criações. A aposta se mostrou acertada, e a Apple Store bateu recordes de vendas, sendo a varejista a atingir mais rapidamente a marca de 1 bilhão de dólares em vendas (em menos de cinco anos)[15].

Na época, a maioria das lojas de eletrônicos mantinha os modelos em exposição de forma cautelosa, evitando que os clientes os utilizassem sem supervisão. Nas lojas Apple, eles tinham liberdade para testar todos os aspectos da máquina, antes de comprá-la. Hoje, o modelo de loja criado por Jobs, em que os consumidores podem testar os produtos em um ambiente aberto, tornou-se *benchmark* para praticamente todos os *players*.

O iPod, como produto, já era um grande avanço na forma de ouvir músicas e armazená-las em um dispositivo elegante e portátil. A inovação em sua plenitude completou-se quando houve o lançamento da iTunes Store em 2003. A dúvida que pairava naquele momento era: como competir com a pirataria? Alguém pagaria por uma música, quando poderia obtê-la de graça em sites como o Napster?

Jobs apostava na "experiência do consumidor", já que os usuários poderiam entrar no iTunes e comprar músicas com um simples clique. Teriam qualidade e confiabilidade garantidas e a facilidade de comprar online. "Não vemos outra maneira de convencer as pessoas a não roubarem a não ser oferecendo-lhes uma recompensa, e não apenas uma punição", disse Jobs. "E a recompensa é: vamos oferecer a você uma experiência melhor... e só vai custar um dólar por música[16]" E ele tinha razão, pois até 2013 mais de 25 bilhões de músicas já haviam sido compradas via iTunes[17].

Mesmo vivendo a alegria dos sucessos de suas duas empresas, a Apple e a Pixar, o mês de outubro de 2003 reservou uma notícia marcante para Jobs: em um exame de rotina foi descoberto um câncer no pâncreas. Uma característica marcante da personalidade de Jobs era moldar a realidade de acordo com sua vontade, desconsiderando fatos e situações que não fossem os que desejava[18]. Dessa maneira, recusou-se a fazer a cirurgia logo após a descoberta do tumor, optando por tratamentos alternativos, que se mostraram ineficientes. Finalmente, nove meses depois, ele realizaria a cirurgia.

Diversos aprimoramentos foram desenvolvidos nos anos seguintes nas linhas de computadores e especialmente o reforço da linha iPod, que ganhou variações e aprimoramentos de capacidade e performance. Uma nova linha de notebooks chamada Macbook e a Apple TV foram lançadas durante esse período, mas seria em junho de 2007 que Jobs mudaria novamente o curso de uma indústria, dessa vez a dos telefones celulares com o iPhone.

O projeto de desenvolvimento do iPhone contou com a participação ativa de Jobs e mostrou-se bastante complexo; já representava uma ruptura bastante grande no modelo de telefones celulares existentes na época. A principal tecnologia introduzida foi a tela de toque, que foi desenvolvida a partir da compra de uma empresa chamada Finger Works. Diversas outras inovações, como o teclado baseado em software e não em hardware, sensores e um design elegante, tornaram-se um sucesso de vendas e de resultados.

Os concorrentes chegaram a duvidar inicialmente dos resultados que o iPhone poderia gerar em função do alto preço (500 dólares — o mais caro do mundo) e da falta de teclado (que não atrairia o público executivo). O tempo mostrou que esse foi um grande engano. No início de 2012, o iPhone representava 8% dos telefones vendidos no mundo, porém sua participação nos lucros das vendas mundiais chegava a 75%[19], realmente um produto fenomenal que acabou ditando uma nova tendência em relação a telefones celulares.

> "Foi um grande desafio. Ninguém havia colocado um sistema operacional tão sofisticado como o OS X em um telefone celular, então isso foi um desafio. Tivemos um grande debate interno para avaliar se conseguiríamos ou não fazer isso. Então foi um momento em que tive que dizer: nós vamos fazer isso! Os nossos melhores programadores estão

dizendo que podem fazer, então, vamos dar a eles uma chance. E eles fizeram[20]."

Em 2008, o MacBook Air inaugurou a categoria dos notebooks ultrafinos e leves, novamente antecipando uma tendência de máquinas super portáteis. Porém, o ano de 2008 marcou a volta dos problemas de saúde de Jobs. Dessa vez o câncer se espalhara pelo fígado e causava fortes dores. Além disso, a perda de peso e a aparência abatida começou a criar uma série de boatos sobre seu real estado de saúde. Todas essas especulações fizeram com que ele pedisse uma licença médica no início de 2009[21].

Durante seis meses ele ficou afastado do trabalho, quando realizou um transplante de fígado. Aos poucos foi retomando as atividades e quando 2010 começou, ele já estava de volta com tudo. No início do ano, Jobs apresentou o iPad, tablet da Apple, um produto que já existia no mercado, porém ainda patinava para cair nas graças do público. Essa foi uma grande aposta de Jobs, pois a empresa já desenvolvia há pelo menos 5 anos dois projetos em paralelo, um tablet e um netbook. Ele optou pelo tablet, enquanto boa parte do mercado apostava nos netbooks[22].

O iPad foi lançado com certa desconfiança por parte de jornalistas especializados, pois não percebiam grande valia num produto que inicialmente não permitia geração de conteúdo, apenas visualização de outras mídias. Mesmo assim, sua elegância, facilidade de uso e leveza impulsionaram as vendas iniciais. Em menos de um mês, precisamente vinte oito dias, foram vendidos um milhão de iPads[23].

Um ano depois, Jobs aceitaria as críticas do mercado e incorporou câmeras, desenvolveu versões de apps poderosos de vídeos e música para o iPad 2 e permitiu a criação de aplicativos por parte de terceiros para serem vendidos na App Store. Com o iPad, Jobs e a Apple apostaram na criação de uma nova categoria entre os smartphones e os laptops:

"A maioria de nós usa laptops e um smartphone. Uma questão surgiu: há espaço para uma terceira categoria de dispositivo? Algo entre um laptop e um smartphone? Nós pensamos sobre esta questão durante anos. A régua é bastante elevada. A fim de criar uma nova categoria de dispositivos, esta deve ser muito melhor ao executar algumas tarefas-chave, sendo melhor que o laptop e melhor que um smartphone[24]."

Novamente, a saúde dele piorou no início de 2011, fazendo com que ele pedisse sua terceira licença médica e posteriormente renunciasse ao cargo na metade do ano. O câncer já havia se espalhado por várias partes do corpo e ossos. Em 5 de outubro daquele ano, Steve Jobs veio a falecer, deixando um legado fantástico de produtos, entrando para um seleto grupo de empreendedores que conseguiram mudar a forma como as pessoas vivem e trabalham.

Ao longo de sua vida, Steve Jobs recebeu diversas distinções e reconhecimentos públicos. Em 1984, ele e Steve Wozniak receberam a primeira Medalha Nacional de Tecnologia, entregue pelo presidente dos Estados Unidos[25]. Também foi considerado o CEO da década pela revista *Fortune* e em 2010 foi eleito o melhor CEO do mundo, fruto dos excelentes resultados que gerou depois de sua volta à Apple[26].

JEFF BEZOS

O nome Amazon.com foi inspirado no rio brasileiro (o maior do mundo, 10 vezes superior ao segundo colocado) e retratava a ambição de construir algo grande como negócio, mas também representar a quantidade de títulos disponíveis, bem superior aos concorrentes de livrarias físicas na época[27].

O modelo de negócios inicialmente escolhido para a empresa fazia da Amazon.com uma intermediária entre seus usuários online e as distribuidoras de livros. Não havia estoques, os livros eram comprados dos distribuidores depois de encomendados no site da Amazon. Dessa forma, a livraria virtual podia se dizer a maior do mundo, com um catálogo de mais de 1,3 milhão de títulos, mesmo que nenhum deles ficasse na sede da empresa em Seattle[28].

A Amazon.com não foi a primeira livraria virtual, já havia empresas como a Books.com que vendiam livros através de um sistema de pedidos por e-mail. Mas Bezos via que a oportunidade estava em aprimorar a experiência de e-commerce, trazendo funcionalidades inexistentes nos concorrentes online e, sobretudo, preço e variedade imbatíveis em relação às livrarias tradicionais como Borders e Barnes&Noble.

Nos primeiros meses, a Amazon atendia tanto via e-mail quanto via web, tudo porque o número de usuários de e-mail era dez vezes maior que o da web[29]. Havia também a limitação da velocidade das conexões daqueles que já utilizavam a internet. A página inicial foi projetada para conter muitas informações, porém poucos gráficos, permitindo que pudesse ser carregada rapidamente. Internamente utilizavam a expressão "frictionless shopping", ou compras sem atrito, que na prática deveria se traduzir em um processo de compras simples e rápido[30]. O cliente entraria, procuraria o que desejava e compraria, tudo em questão de minutos.

Após alguns testes do site com amigos, em julho de 1995, oficialmente o site Amazon.com iniciava as vendas. Em apenas dois meses de operação já havia enviado livros para mais de 40 países[31]. Cada usuário possuía sua identificação e senha, o que permitia à empresa rastrear seus movimentos e compras, oferecendo produtos alinhados com suas preferências. Hoje o processo de compra Amazon foi copiado por várias lojas virtuais, porém, naquela época, acrescentar produtos a uma cesta de compras, clicar em comprar e fornecer o cartão de crédito após escolher o método de entrega, tornava a compra algo fácil e rápido. Para completar a inovação, o pedido era processado instantaneamente, e o cliente recebia e-mails de confirmação e despacho.

A questão da logística de entrega era fundamental para dar tranquilidade aos compradores e difundir a cultura do e-commerce. Jeff sempre trabalhava com uma margem de segurança entre o prometido e o realizado, assim não criava expectativas que poderiam ser frustradas. Como normalmente conseguia entregar antes do prometido, acabava por deixar os clientes extremamente satisfeitos.

Para oferecer produtos com agilidade e preço baixo, Jeff sabia que precisaria manter um controle rígido de custos na operação. No início, as instalações eram espartanas, sem luxos ou extravagâncias, apenas o necessário para oferecer um serviço excelente ao cliente. Apesar de todo o esforço de controle de custos, quando o assunto era atender reclamações ou pedidos especiais, a empresa não poupava esforços. Todas as reclamações de extravio ou produtos defeituosos tinham ordem expressas de Jeff para serem reenviados imediatamente. Não poderia haver cliente Amazon insatisfeito.

Outra grande "sacada" foi abordar as editoras independentes, normalmente rejeitadas pelos grandes varejistas tradicionais. Ao incluir essas editoras no seu Programa de Vantagem, proporcionava exposição no site das obras e garantia aos usuários maior facilidade para encontrar e receber essas publicações. Nesse modelo de prateleiras infinitas, muitas obras que não recebiam espaço físico em livrarias tradicionais encontravam um lugar ao sol na Amazon.

A criação do Programa de Associados surgiu quando uma empresa pediu para recomendar em seu site livros disponíveis na Amazon.com. A empresa de Bezos foi a primeira do setor a fazer isso, criando uma rede de parceiros de divulgação. Cada vez que um usuário clicava nesses sites era redirecionado para a Amazon, que se encarregava da venda, logística de entrega e cobrança. O associado era então recompensado com uma comissão de 5% a 15% da venda realizada[32].

No final da década de 1990, as empresas chamadas "ponto-com" eram as queridinhas dos investidores. Bezos havia negociado parte da empresa com capitalistas de risco para permitir a expansão do negócio, especialmente para contratar mais pessoas e montar a infraestrutura necessária para suportar o tráfego cada vez mais intenso no site. Em maio de 1997, a Amazon.com abriu seu capital na Bolsa de Valores de Nova York (NASDAQ)[33]. Havia chegado a hora de recompensar aqueles que haviam apostado no início do negócio (inclusive Bezos), mas também permitir o ganho de escala que ele tanto queria para poder ser competitivo contra novos entrantes de peso no *e-commerce* (especialmente a Barnes&Noble).

Todos esses movimentos fizeram que as vendas decolassem e já havia sinais de que o modelo inicial de negócios, sendo apenas um intermediário sem estoques, precisaria ser revisto. Para conseguir oferecer o atendimento desejado por Bezos, era necessário começar a comprar e estocar os principais livros. Inicialmente estocavam-se os 10 mais vendidos, depois os 25, e num curto espaço de tempo já se tinha disponíveis os 250 campeões de vendas[34]. Buscar um novo local para operar a Amazon era inevitável.

A personalização do site também foi foco dos esforços de desenvolvimento da empresa. Cada usuário recebia recomendações individuais, baseadas nas compras anteriores, fazendo com que a *homepage* de cada usuário fosse ligeiramente diferente. Essa inteligência artificial fazia parte da política de personalização em massa da Amazon. Somado a isso, desenvolveu-se o 1 Click Shopping, agilizando ainda mais a experiência de compra.

> "O cliente nem percebe, a não ser que esteja sentado ao lado de alguém e veja que a versão dessa pessoa é um pouquinho diferente. Isso é algo que sempre quis fazer. Não precisamos ter uma loja comum para o mítico cliente comum. A meta é criar a loja perfeita para todos[35]".

O sucesso da Amazon já corria por todo o mundo. Encomendas vinham de todos os cantos, permitindo que pessoas que antes tinham dificuldade de encontrar determinados títulos pudessem encomendá-los facilmente. Em 1998, a Amazon já havia adquirido duas livrarias virtuais na Inglaterra e na Alemanha. As duas foram rebatizadas para Amazon.co.uk e Amazon.co.de respectivamente, e a partir de então, os títulos mais vendidos eram mantidos em estoque e despachados diretamente de centros de distribuição desses países.

Além da expansão geográfica, a diversificação era um movimento natural para Bezos. DVDs, CDs, vídeos foram os produtos incorporados ao portfólio da empresa. Era o início do processo de tornar-se mais do que uma livraria virtual, mas sim um ponto de compras online. Bezos dizia:

> "Nossa estratégia é nos tornarmos um ponto de comércio eletrônico. Quando alguém pensar em comprar algo online, mesmo que seja algo que não vendemos, queremos que nos procurem. Gostaríamos de facilitar para que as pessoas procurem e descubram o que gostariam de comprar online, mesmo que não sejamos nós a vender essas coisas[36]".

Esse movimento começou com o conceito "*Shop the Web*", no qual novamente a Amazon se tornava intermediário da relação entre os usuários e os fornecedores. Os produtos eram anunciados no site e ela recebia comissões para redirecionar para as lojas os compradores. Era um movimento reverso que havia sido feito com o Programa de Associados, só que dessa vez quem recebia as comissões sobre as vendas dos produtos anunciados era a Amazon.

Foi então que chegou o ano 2000, e com ele o pesadelo das empresas de internet. Os anos que antecederam a virada do milênio foram marcados pela ascensão meteórica de todo tipo de iniciativa que operava pela internet. Inúmeras empresas eram avaliadas com valores altíssimos, quando iniciavam a venda de suas ações, sendo que boa parte delas nunca havia gerado lucro até aquele momento. A Amazon era uma delas, já que vinha acumulando prejuízos, todos os trimestres, mas sempre com aumentos significativos nas receitas. Bezos vinha mantendo a estratégia de acelerar o crescimento da Amazon para evitar alguma ameaça de novo entrante, mesmo que isso significasse ter de operar no vermelho.

Quando os investidores de Wall Street se cansaram de esperar por resultados e começaram a fugir de toda a especulação que haviam criado, a bolha das empresas "ponto-com" estourou, transformando em pó o ouro digital. A Amazon não passou impune por esse momento, perdendo 90% do seu valor de mercado[37]. Esse sinal fez com que Jeff Bezos mudasse a estratégia da empresa: o foco não seria mais o crescimento a qualquer custo, o novo mantra da Amazon passava a ser lucro!

Ao mesmo tempo que reduzia custos e pessoal, seguia no plano de incorporar novas categorias de produtos no site: móveis para jardins, artigos de beleza e saúde, ferramentas e produtos para casa. Além disso, investia para continuar melhorando a experiência de compra online com novas funcionalidades.

Esses tempos difíceis apontaram novos movimentos para a Amazon. Ela começou a operar sites de compras de outros varejistas como Toys "R" Us, Target, Circuit City, e até mesmo da livraria Borders. A Amazon administrava as compras, a remessa e o atendimento ao cliente, mas o varejista mantinha seu próprio estoque, evitando que fosse necessário fazer novos investimentos em centros de distribuição. Esse foi o começo do movimento de vender produtos de outras empresas no site.

Outro recurso acrescentado em 2001 foi o "*Look Inside the Book*" (veja o livro por dentro). Com ele, os usuários passaram a acessar partes do conteúdo dos livros vendidos. Em outubro de 2002, a empresa adicionou a venda de roupas pelo site, estabelecendo parcerias com inúmeras marcas e lojas importantes como The Gap e Nordstrom[38].

O *Amazon Web Services* (AWS) foi lançado em 2002 e desde então tem sido um elemento importante do modelo de negócios da Amazon. Serviços como o Cloud Drive e EC2 seguiram uma tendência mundial conhecida pelo nome de computação em nuvem. Esses serviços vêm gerando milhões de dólares em faturamento para a empresa e têm clientes de todos os portes, como NASA, Netflix e Harvard Medical School[39]. Todas essas empresas utilizam a grande infraestrutura de servidores da Amazon, pagando pelo serviço de armazenagem.

Em 2003, Bezos tornou pública a companhia aeroespacial Blue Origin que havia fundado em 2000. Seu objetivo era desenvolver novas tecnologias para baratear voos espaciais e levar turistas a passeios em órbita da

Terra. Desde pequeno ele gostava de voos pelo espaço e se inspirou neles para investir na companhia[40].

Inspirado no sucesso com venda de músicas do iTunes, criado por Steve Jobs, Bezos percebeu que poderia vender mais do que produtos físicos. Em 2004 foi criada uma empresa para desenvolver o produto que ele acreditava que poderia mudar o mundo. Durante três anos a Lab126 trabalhou em segredo no desenvolvimento de um leitor de livros digital que foi batizado de Kindle. A Amazon não foi a primeira a desenvolver esse tipo de produto e apostar nos livros digitais, mas o Kindle tinha avanços significativos em relação aos antecessores.

> "Você não pode jamais copiar o livro (físico), então tem de fazer coisas que não consegue fazer com o livro, como consultar o dicionário no ato, mudar as fontes e ter o conteúdo entregue em 60 segundos. Temos de construir algo melhor do que um livro físico[41]".

A nova tecnologia desenvolvida chamada de papel e tinta eletrônicos resolveu o problema de cansar a visão, no momento em que houve a leitura por períodos mais longos, além de ter conectividade Wifi que permitia acessar todo o ecossistema Amazon e consequentemente, sua enorme base de títulos disponíveis. Com o novo dispositivo, a Amazon rapidamente dominou o mercado de *ebooks*, atingindo quase 95% de *market share* no início da operação[42].

Essa liderança começou a ser ameaçada apenas em 2010, quando a Apple lançou o tablet iPad. Bezos respondeu rapidamente cortando o preço do leitor digital Kindle e adicionando novas funcionalidades aos modelos, criando um tablet com outras funcionalidades além da leitura: o Kindle Fire.

Com isso, Bezos conseguiu popularizar o acesso aos tablets, buscando os resultados na venda de conteúdo e não no hardware propriamente. Essa nova estratégia acelerou o movimento dos livros digitais, que durante anos foram considerados inadequados para leitura e que nunca seriam consumidos em escala. Logo a Amazon percebeu que um consumidor com leitor digital adquire muito mais livros que os tradicionais impressos. Na metade de 2013, quase 20% dos livros vendidos nos Estados Unidos já eram digitais[43]. O ecossistema Amazon incentivava a compra de novos livros, além de reduzir custos de aquisição e garantir a entrega instantânea.

Paralelamente a todos os desenvolvimentos da Amazon, Jeff Bezos investiu em uma série de outras iniciativas, seja como empreendedor, seja adquirindo empresas que acreditava ter potencial ou admirava. Uma das maiores aquisições foi da loja online de sapatos e roupas chamada Zappos, pagando 1 bilhão de dólares em 2009. Bezos escolheu a Zappos pela cultura única e sua renomada dedicação à satisfação dos clientes. Ele a admirava e queria deter esse ativo em seu controle. Além desse *know-how* em atendimento ao cliente, a Zappos possuía uma base de clientes basicamente feminina, quase 70% dos clientes, o que Bezos queria trazer para perto da Amazon[44].

Inúmeras outras empresas foram adquiridas ou fundadas para ampliar a participação da Amazon no comércio eletrônico: The Book Depository, AbeBooks, 6pm, Diapers, Soap.com, Shopbob, Yoyo.com, Wag.com, BeautyBar.com, Vine.com, AfterSchool.com e outras. Outros investimentos estão relacionados com sites de informação como o IMDb (Internet Movie Database) ou lojas de audio books como o Audible. Há também a Amazon Fresh lançada em 2007, que entrega refeições saudáveis de parceiros selecionados, além de Amazon Supply, uma loja eletrônica voltada para atender o público profissional e industrial.

O serviço de vídeos por streaming foi lançado em 2006, como Amazon Unbox, depois passou para Amazon Video on Demand e finalmente em 2008, mudou de nome para Amazon Instant Video. Outra subsidiária criada foi a Amazon Payments, um serviço de pagamento que passou a ser oferecido para outras empresas.

Um movimento importante na estratégia de lançamento de novos produtos no ecossistema Amazon foi a *Kindle Direct Publishing*. Uma editora online para que autores do mundo inteiro passassem a adotar a autopublicação. Através de uma ferramenta simples, autores independentes colocam seus ebooks nas "prateleiras" da Amazon, recebendo parte do valor da venda a título de royalties. Com esse serviço, os autores não precisam mais convencer editoras a publicá-los, ou esperar o longo processo de aprovação. Tudo é gerenciado pelo autor, desde o layout da capa até o preço de venda.

Jeff Bezos conseguiu em menos de 20 anos construir um grupo empresarial com mais de 30 empresas que ficam sob o "guarda-chuva" institucional da Amazon, ou operam de forma independente. No segundo semestre de 2013 anunciou a compra do *The Washington Post*, da tradicional empresa jornalística americana. Na operação, aportou 250 milhões de dólares do próprio bolso na aposta[45]. Em 2014, anunciou a entrada da Amazon no mercado de hardware de telefones celulares com o Fire Phone, contando com novidades como interface 3D e outras inovações para competir contra marcas já estabelecidas.

Ao longo de sua carreira de sucesso recebeu distinções importantes como a Pessoa do Ano em 1999 pela Revista *Time* e a Pessoa de Negócios do Ano em 2012 pela Revista *Fortune*. Além disso recebeu da Revista *The Economist* o prêmio inovação do ano em 2011 pelo desenvolvimento do Kindle[46].

SERGEY BRIN & LARRY PAGE

Desde a chegada de Page a Stanford, houve uma sinergia intelectual e de interesses com Brin. Ambos passaram a buscar oportunidades na internet e em 1996 um desafio mobilizou a ambos: criar um motor de pesquisa que oferecesse melhores resultados de busca que os existentes na época. Surgia, então, o BackRub, que utilizava o algoritmo batizado de Page Rank[47].

A lógica dos motores de busca na época era baseada em elementos pouco sofisticados, como analisar as palavras que apareciam nas páginas para retornar os resultados das buscas. Para Page e Brin, essa forma não levava em consideração um elemento importante: a relevância. Inspirados pelo meio acadêmico, no qual uma publicação é referência quando várias outras publicações a citam, eles determinaram que seu algoritmo analisaria os links e os vínculos que uma página específica tinha com outras na web. Era a matemática e a programação trabalhando em prol de melhores resultados nas buscas.

Durante mais de um ano, o BackRub operou na própria universidade, porém crescia cada vez mais, a ponto de tornar difícil continuar operando dentro das instalações de Stanford. O que começara como um projeto de pesquisa já tinha se transformado em uma empresa (mesmo que ainda não tivesse faturado nada). Inicialmente, os dois estavam relutantes em abrir sua empresa, pois o plano original era concluir o doutorado, assim como os pais de ambos haviam feito[48].

Paralelamente a isso, começaram a buscar formas de aumentar a infra-estrutura de servidores, já que o fluxo na ferramenta crescia todos os dias. Havia momentos em que a ferramenta chegava a consumir metade da capacidade da internet de Stanford. Nesse momento, era preciso tomar uma decisão: continuar com as pesquisas do doutorado e, em algum momento, vender o resultado do trabalho a alguma empresa, ou abrir uma empresa e tentar mudar o mundo, como dizia Page: "Se a empresa não desse certo, que pena, mas nós seríamos capazes de fazer algo importante[49]".

A escolha do nome foi influenciada por um colega de quarto de Page. O sistema já era chamado de BackRub, mas eles acreditavam que precisam de algo mais comercial. Chegou-se a cogitar nomear de "The Whatbox", porém o termo matemático "googol" foi sugerido. A palavra se refere ao número 1 seguido de cem zeros e refletia bem a dimensão do negócio que os dois estavam buscando criar. Page escreveu a palavra erroneamente e registrou o domínio. (Esse erro acabou dando certo, já que o termo escrito corretamente já estava em uso[50].)

Na busca por recursos financeiros, a dupla encontrou em investidores anjos a oportunidade de financiar a nova empresa. Entre esses investidores estava Jeff Bezos, fundador da Amazon e que havia gostado da paixão e das convicções da dupla[51]. Em setembro de 1998, finalmente, eles abriram a empresa e saíram de Stanford.

A nova empresa de busca na web nascia com inovações nos quatro aspectos fundamentais: rastreamento, indexação, relevância e entrega rápida. No início estabeleceram três fontes de receitas: licenciar a tecnologia de busca para outros sites, vender um hardware chamado Google Quick Search Box e vender anúncios publicitários segmentados. Naquela época, o mais comum eram os anúncios em formato de banner, modelo que Brin e Page se recusavam a implementar no Google. Eles optaram por um modelo menos invasivo e que oferecia links aos usuários de acordo com as palavras pesquisadas. Chamaram esse sistema de links patrocinados.

Mesmo que a motivação de construir algo realmente grande fosse tomando conta da dupla, havia sempre a premissa original como norte para a tomada de decisão. O sistema dos links patrocinados deveria ser algo secundário em relação à pesquisa orgânica. No entender dos dois, a relevância dos resultados não poderia ser prejudicada por questões econômicas. Os links patrocinados foram colocados ao lado dos resultados orgânicos. Como sempre, os dois queriam primeiro respeitar os usuários e depois ganhar dinheiro.

Conforme o fluxo na ferramenta ia aumentando, mais sério se transformava o negócio. Pressionados pelos capitalistas de risco que haviam feito outra rodada de investimento na empresa, foi indicado que se buscasse um CEO profissional, já pensando numa possível abertura de capital[52]. Brin e Page não estavam totalmente convencidos de que deveriam colocar um executivo para operar o dia a dia dos negócios. Foi então que os dois saíram para fazer uma "turnê" em empresas *high-tech* do Vale do Silício, para conhecer quem eram as pessoas que as administravam. Depois de falarem com Steve Jobs da Apple, Andy Grove da Intel, Scott Cook da Intuit e Jeff Bezos da Amazon, chegaram à conclusão de que realmente havia uma pessoa que poderia assumir a posição: Steve Jobs[53].

Apesar da escolha deles por Jobs, de fato, o escolhido foi Eric Schmidt, que segundo Brin, funcionava como uma supervisão "adulta" e que deixava os capitalistas de risco mais tranquilos em relação aos milhões investidos. Eric se encaixou bem na cultura do Google e soube rapidamente reconhecer e entender o funcionamento dos dois fundadores: "Sergey é a alma e a consistência do negócio. Ele, um empresário que se importa muito com a cultura... Larry é o inventor brilhante, o Edison (Thomas). Todos os dias eu agradeço por ter aceitado essa oferta de emprego[54]".

O ano de 2000 foi decisivo para o futuro do Google. Brin e Page acreditavam que o negócio iria prosperar com o licenciamento da ferramenta de busca e que a publicidade, se bem trabalhada, poderia gerar de 10% a 15% das receitas totais. Naquele momento, a publicidade era vendida de forma tradicional, havia vendedores que visitavam os anunciantes e agências de publicidade. Porém, uma inovação desenvolvida naquele ano mudou para sempre a história da internet e consequentemente do Google. Todos os problemas financeiros da empresa terminaram no lançamento do AdWords[55].

O AdWords trouxe o autosserviço para a publicidade e com isso permitiu que milhões de pequenos anunciantes pudessem utilizar a internet como uma alternativa barata e direcionada para promover seus produtos e serviços. Não havia mais a necessidade de vendedores, agências ou qualquer outro intermediário, o que incorporava custos ao processo, afastando os pequenos anunciantes. O AdWords, com a filosofia de qualidade de anúncios, conseguiu criar um triângulo em harmonia entre o Google, o anunciante e o usuário, tudo isso utilizando a inteligência do sistema em vincular anúncios relevantes e direcionados a baixo custo.

Inicialmente começou cobrando por exposição dos anúncios, mas logo depois migrou para a forma atual (custo por clique). Todo sistema de leilão de palavras-chave e o pagamento por clique foram inspirados em uma criação não patenteada de uma empresa chamada GoTo (que depois passou a se chamar Overture e foi adquirida pelo Yahoo anos depois)[56].

O negócio dos links patrocinados não parava de crescer, mas Brin via que havia outras oportunidades de ampliar a presença do Google na web. Em 2003, começaram a colocar anúncios em outros sites de conteúdo, inicialmente através de um sistema próprio e depois pela AdSense (comprado da empresa Applied Semantics por 42 milhões de dólares mais 1% das ações do Google)[57]. Essa aposta de Brin novamente mostrou a visão de que era preciso arriscar e ampliar a penetração da publicidade online.

Em 2005, lançaram o Google Analitics (no ano anterior, havia sido adquirida a Urchin Software que dominava essa tecnologia)[58]. Originalmente, o plano era cobrar pelo serviço de informações e estatísticas de trânsito nos sites. Entretanto optou-se pela versão gratuita a todos os usuários. Segundo estimativas, essa quantidade adicional de informação para os anunciantes permitiu um incremento de receita na ordem de 3 bilhões de dólares[59].

Outro movimento importante na história da empresa foi a criação do Gmail, já que marcou a entrada em outra área que não as buscas. Cansados da limitação de armazenagem imposta pelos operadores de sucesso na época (Hotmail — 2Mb e Yahoo — 4Mb), o Google propôs um sistema de mensagens que inicialmente liberaria 1Gb aos usuários. Eles consideravam um e-mail um problema de busca, já que os usuários eram forçados a apagar suas mensagens para manter as caixas de entrada funcionando.

Na visão do Google, sua conta de e-mail deveria ser um local de armazenagem de dados e, consequentemente, um possível local para buscar e recuperar informações importantes.

Quando surgiu a ideia do Google desenvolver o seu sistema de e-mail, todos os principais executivos achavam que seria caro e complicado demais, exceto Brin e Page. Os dois queriam que o Google estivesse presente em tudo que tivesse ligação com a internet, e o e-mail era uma fonte de consolidação da presença da empresa na vida dos usuários.

Algum tempo depois, o Gmail passava a oferecer caixas ilimitadas e percebeu-se que quanto mais rápido tudo migrasse para a web, maior seria a força da empresa, que nasceu para mudar o mundo. Toda infraestrutura de centros de dados montada ao redor do mundo garantiu o funcionamento de todas as aplicações da empresa, abrindo espaço para iniciar o movimento de migração de dados para a chamada "nuvem". Hoje o Google é o maior fabricante de servidores do mundo (maior que Dell, HP, Lenovo...) porém, consome toda sua produção[60].

Toda essa infraestrutura permitiu a criação de serviços inovadores como o Google Docs (que oferecia editor de texto, planilhas e apresentações online) e o sistema operacional Chrome (desenvolvido para web e depois o navegador). Essas duas áreas — sistema operacional e o pacote *Office* — sempre foram as "joias da coroa" da Microsoft. Começava aí mais uma guerra de Brin e Page contra um gigante da tecnologia. Pouco depois eles desafiariam a Apple no mercado de telefones e sistemas operacionais (e seriam desafiados pelo Facebook na publicidade online).

O navegador Chrome foi desenvolvido para ser uma base para uma nova geração de aplicativos baseados na web. No entender a cabeça de Page e Brin, o produto deveria ser otimizado para funcionar como um equivalente a um sistema operacional, uma "máquina virtual", que executaria os códigos de aplicativos diretamente na web de forma rápida. Esse era mais um movimento para cumprir a missão da empresa: acessar e organizar todas as informações do mundo.

Em 2005, o mundo já vivia fortemente a cultura do telefone móvel e eles decidiram adquirir uma empresa chamada Android[61]. Já fazia tempo que Page e Brin vinham pensando em integrar esse mundo para a plataforma Google, uma vez que a informação agora não estava mais restrita aos computadores. Page se envolveu diretamente no desenvolvimento do sistema operacional para telefones móveis e inclusive na parceria com o fabricante que produziria o "Gphone"[62].

Porém, o lançamento do iPhone em janeiro de 2007 redefiniu o mercado de smartphones, deixando um pouco de lado o telefone propriamente dito, mas não o sistema operacional. Aliás, Google e Apple haviam criado uma forte aliança que parecia criar as condições necessárias para ameaçar a gigante Microsoft. Page e Brin haviam estabelecido uma relação muito próxima com Steve Jobs anos antes, quando os dois estavam em busca de um CEO para a empresa. Em 2006, a Apple havia convidado o CEO do Google, Eric Schmidt, para fazer parte de seu conselho diretivo, e ideias não faltavam para derrubar a empresa de Bill Gates[63]. O Google desenvolveu dois aplicativos fundamentais para o sucesso do iPhone: o Google Maps e o Youtube.

O que parecia uma "lua de mel" acabou se tornando o início de uma inimizade entre as empresas. Jobs começou a encarar os avanços do Android como uma ameaça ao reinado do iPhone. Ele já não havia gostado do desenvolvimento do navegador Chrome (que concorria com o Safari, além da abordagem da empresa de contratar alguns de seus desenvolvedores) mas quando teve contato direto com a versão Dream do Android, em 2008, sentiu-se traído por acreditar que o Google estava copiando suas criações.

Depois de Schmidt se afastar da diretoria da Apple, já em 2010 Jobs dava declarações do fim do namoro: "A Apple não entrou no campo da busca, então por que o Google entrou no campo dos telefones? O Google quer matar o iPhone, mas nós não permitiremos isso". Jobs inclusive atacou o mantra do agora rival Google (Não faça o mal!): "É uma grande mentira[64]".

Além de todas essas inovações, a empresa criada por Larry Page e Sergey Brin ainda é responsável por produtos incríveis, como o Notícias, Earth, Tradutor, Livros, Scholar e Street View, além de ser responsável por dar força e escala para ideias compradas, como o Picasa e o You Tube. Sem dúvida, o Google é a empresa mais importante da era da internet e todo seu sucesso continua refletindo o sonho dos dois de mudar o mundo e a forma como as pessoas acessam as informações.

O Google é uma empresa em movimento. Alguns de seus desenvolvimentos recentes prometem mudar significativamente a vida das pessoas. O Wallet é um sistema de pagamento móvel, concentrando cartões de crédito e fidelidade de forma eletrônica no telefone celular. O Google Fiber é o serviço criado para acelerar a transmissão de dados e fazer chegar às residências velocidades na ordem de 1Gbps. Além disso, utilizando a infraestrutura de fibra ótica, a empresa fornece também televisão a cabo, tudo isso a um preço equivalente aos concorrentes com velocidades muito menores.

Mas é nos laboratórios do Google X que são desenvolvidos os projetos de maior potencial de ruptura da empresa. Localizado a um quilômetro da sede da empresa em Mountain View (o Googleplex), é nas instalações do Google X que ocorre a criação do Google Glass, do veículo Google não tripulado e do chamado Projeto Loon[65]. Todos eles são desenvolvidos sob a supervisão atenta de Sergey Brin, dada a importância deles para o futuro do negócio.

O Glass é um computador em formato de óculos que se utiliza da realidade aumentada e comandos de voz para proporcionar ao usuário funcionalidades semelhantes a um smartphone. O que antes podia parecer um produto de filme de ficção científica começa a tornar-se realidade para o mercado de consumo em massa[66]. Diversos aplicativos estão sendo desenvolvidos para tornar o produto ainda mais completo e atrair os futuros usuários.

Os veículos não tripulados, guiados por sistemas robóticos, prometem mudar a forma como o tráfego nas cidades é organizado. Com ele funcionando, não haverá mais acidentes e os congestionamentos serão reduzidos. Além disso, o então motorista será liberado para executar outras atividades durante os trajetos percorridos pelo veículo. Já o Projeto Loon trata de levar acesso à internet em áreas isoladas e de difícil acesso, utilizando antenas em balões colocados na estratosfera.

Provavelmente, no momento em que você estiver lendo este livro, diversos outros novos produtos estão sendo desenvolvidos. Todos os projetos são apostas altas de Brin e Page para repetir o que fizeram com o Google: mudar o mundo!

MARK ZUCKERBERG

Para concretizar a ideia de sua rede social, Zuckerberg associou-se a três colegas: Dustin Moskovitz, Chris Hughes e Eduardo Saverin. Cada um deles teve um papel no negócio para viabilizar a colocação do Facebook no ar. Moskovitz era o apoio técnico, Hughes trabalharia como relações-públicas e na divulgação da rede, enquanto Saverin foi aquele que aportou o recurso necessário para o site ser colocado no ar, ficando, portanto, com a incumbência da gestão administrativa e financeira (essa harmonia seria quebrada logo em seguida, devido ao fato de Saverin não se dedicar completamente ao projeto, na visão de Zuckerberg, gerando um litígio entre as partes)[67].

No dia 4 de fevereiro de 2004, The Facebook foi para o ar, restrito apenas a estudantes de Harvard. Zuckerberg e seus amigos criaram um site que permitia aos usuários ter seus perfis, compartilhar fotos e comunicar-se com seus amigos. Essa operação inicial foi conduzida até junho daquele ano, dentro do prédio de dormitórios em Harvard.

Em março de 2004, menos de um mês depois de lançar o site em Harvard, ele decidiu expandir a abrangência da rede social para outras universidades. Columbia, Stanford e Yale foram as inicialmente escolhidas, porém não por acaso. Em todas elas havia uma vida social muito intensa, o que era um terreno fértil para o crescimento do Facebook, mas também era um teste de mercado para a ferramenta[68].

Nessas três universidades já havia outras redes sociais funcionando, antes da chegada de Zuckerberg: em Stanford, a Club Nexus; em Columbia, a CUCommunity; e em Yale, a YaleStation. Elas já realizavam, de alguma forma, o papel da rede social, portanto, Zuckerberg sabia que se sua criação conquistasse esses usuários em um ambiente competitivo, seria um excelente indício de futuro sucesso. Essas três foram o piloto e o teste definitivo para continuar a expansão da rede.

Àquela altura, Zuckerberg já não conseguia mais ir às aulas com frequência, devido ao enorme envolvimento com o site. No final do semestre letivo, em junho, ele decidiu mudar-se para Palo Alto, na Califórnia. Era no Vale do Silício que as principais empresas de tecnologia, universidades e investidores se concentravam, e Mark acreditava que precisava ir até lá, ver com os próprios olhos como as coisas funcionavam. Além disso, na mesma época ele trabalhava em outro projeto chamado Wirehog, para compartilhamento de arquivos entre usuários[69]. Seu parceiro de programação nesse projeto iria para lá no verão fazer um estágio, portanto havia razões de sobra para mudar temporariamente os negócios de estado.

Essa decisão foi importante para o futuro do Facebook, mas também trouxe complicações para a relação de Zuckerberg e Eduardo Saverin. Nesse mesmo período, Saverin foi para Nova York realizar um estágio em empresas de investimentos, e paralelamente continuar a captação de anunciantes para o Facebook. Zuckerberg considerou uma falta de comprometimento com o projeto o fato de Saverin não ir para Califórnia. Eles também discordavam quanto ao papel da publicidade na empresa[70].

Logo que chegou a Palo Alto, Zuckerberg conheceu Sean Parker, um jovem empreendedor que havia fundado anos antes um site de troca de músicas entre usuários, chamado Napster. Parker era uma espécie de ídolo para Zuckerberg e foi convidado para integrar a equipe da empresa. Além da experiência com empresas de tecnologia, ele aportava muitos contatos no Vale do Silício, especialmente com investidores[71].

A quantidade de usuários e o tráfego aumentavam rapidamente, portanto, era necessário fazer investimentos em servidores para garantir o desempenho e não repetir o erro cometido pelo Friendster. Nesse momento, Parker buscou uma aproximação com Peter Thiel, que havia cofundado o PayPal e agora se dedicava a investir em startups. Os 500 mil dólares investidos por Thiel foram feitos em troca de 10,2% de participação no Facebook. Além dele, Reid Hoffman (fundador do LinkedIn) e Mark Pincus (fundador da rede social Tribe.net e que anos depois montou a Zynga, empresa dedicada a desenvolver jogos para o Facebook, como o Farmville, Texas HoldEm e Mafia Wars) aportaram 40 mil dólares[72], injetando o recurso necessário para o crescimento da infraestrutura da empresa.

Em setembro de 2004, um importante recurso foi incorporado ao Facebook, o Mural no qual os usuários podiam postar mensagens aos amigos, mantendo-os o ainda mais conectados. A possibilidade de montar grupos de interesses também surgiu nessa mesma época. Nesse mesmo período o artigo "The" deixou de fazer parte do nome da empresa oficialmente. Quando o ano acabou, o Facebook já estava com 1 milhão de estudantes cadastrados[73].

O ano de 2005 marcou a expansão do Facebook para outras universidades nos Estados Unidos (até então, era acessado apenas por alunos da chamada Ivy League, composto por universidades de elite); houve também a permissão do acesso de estudantes do ensino médio e de universidades de fora dos Estados Unidos. Um recurso importante foi lançado nesse mesmo ano: fotos com capacidade de marcação, criando um espaço de compartilhamento de imagens, em que se podia marcar os amigos nas fotos. Para suportar esse crescimento, uma nova rodada de investimento foi feita pela Accel Partners, investindo 12,7 milhões de dólares, o que valorava a empresa em 98 milhões[74].

Em 2006, o Facebook já era um site que possuía uma alta taxa de retorno diária, mas aumentou ainda mais com a introdução do "feed de notícias" que mostrava a atividade recente dos amigos. Zuckerberg não queria que a escolha do conteúdo apresentado fosse apenas por ordem cronológica, mas que houvesse um critério baseado no padrão de comportamento anterior para apresentação. Esse foi um grande desafio de programação e levou oito meses para desenvolver o algoritmo que analisava toda a navegação do usuário e sua interação com os amigos[75].

O sucesso da rede social crescia e os pedidos para abri-la para qualquer pessoa não paravam de chegar. Em 26 de setembro de 2006, oficialmente, o Facebook retirava as restrições aos registros, permitindo que qualquer pessoa pudesse ingressar. Esse movimento afetou diretamente as redes concorrentes, como o MySpace, Friendster e mesmo outras que atuavam restritas a uma universidade. O número de usuários chegaria a 12 milhões no final desse ano[76].

No ano seguinte, a rede social lançou a plataforma de desenvolvedores na conferência anual Facebook f8. No início havia apenas 85 aplicações, porém rapidamente milhares de empresas começaram a lançar novos aplicativos. Seis meses depois já havia 250 mil desenvolvedores cadastrados e mais de 25 mil aplicativos já desenvolvidos[77].

O produto de 2007 foi um sistema desenvolvido que prometia revolucionar a publicidade online: o Beacon. Essa ferramenta publicava no feed de notícias dos amigos as atividades realizadas em sites de compras parceiros do Facebook. Zuckerberg acreditava que seria interessante compartilhar esse tipo de informação entre amigos.

Na prática, a reação do público foi muito negativa, pois não havia a opção ao usuário de escolher compartilhar sua atividade nos sites, e isso causou grandes desconfianças entre a real política de privacidade e se informações pessoais não estavam sendo enviadas para outras empresas[78]. Posteriormente, essa prática foi alterada, mas já era tarde, e como o próprio Zuckerberg admitiu, o Beacon foi um erro, sendo desativado em 2009, depois de um processo na justiça americana que impôs uma multa à empresa.

O Beacon violou a premissa de Zuckerberg de privacidade e controle da informação pelo usuário, e o problema foi agravado, pois a empresa demorou três semanas para responder às reclamações e alterar o sistema de postagens (ao invés de negar a publicação das compras, o usuário passou a autorizá-la). Mesmo com o fracasso dessa funcionalidade, o Facebook não parava de crescer, encerrando 2007 com 58 milhões de usuários[79]. Em outubro desse ano, a Microsoft fez um investimento de 240 milhões de dólares, recebendo em troca 1,6% das ações da empresa[80].

Zuckerberg tinha apenas 24 anos e já havia enfrentado diversos desafios como CEO do Facebook. Problemas relacionados à privacidade das informações dos usuários conflitavam com sua visão de abertura e compartilhamento. Ele adotava uma postura na qual tentava e, se fosse necessário, pedia desculpas pelos exageros. Por outro lado, os desenvolvimentos realizados com sucesso desde o início do Facebook estavam tornando a comunicação e interação entre os amigos cada vez mais fáceis. Até aquele momento já se podia compartilhar informações, fotos, vídeos, e em 2008 foi incorporado o serviço de chat para troca de mensagens instantâneas. A tradução da rede social para várias línguas acelerava o crescimento da base de usuários que chegou a 145 milhões no final de 2008[81].

Mesmo com todo esse sucesso, ele ainda vivia o dilema da monetização do site. Zuckerberg nunca gostou da ideia da publicidade, mas precisava dela para manter os investimentos e pagar as despesas da empresa. Três fontes de receita garantiam os resultados: o *self-service* de anúncios, os *engagement ads* e a venda de *banners* em parceria com a Microsoft[82].

Cada ano na história de Zuckerberg à frente do Facebook reservou modificações importantes que contribuíram para o crescimento da base de usuários. Em fevereiro de 2009 foi incorporado o famoso botão "curtir". Essa função virou sinônimo da rede social e um padrão entre sites que permitem aos usuários interações entre eles. Cada vez mais o feed de notícias era abastecido com as interações dos amigos, seja quando postavam mensagens, fotos, vídeos, ou mesmo quando curtiam algo já postado. Isso gerava um efeito viral e aumentava também a permanência dos usuários logados no Facebook.

No final de 2009, já havia 360 milhões de pessoas conectadas, e o número quase dobraria em 2010 (608 milhões de usuários), devido ao projeto de internacionalização, que disponibilizava o programa em 70 idiomas[83]. A empresa seguiu investindo na experiência dos usuários e na infraestrutura, construindo seu primeiro *data center* próprio no estado do Oregon. Em 2010, pela primeira vez na história, a audiência do Facebook ultrapassou a do Google nos Estados Unidos (esse mesmo fato aconteceria no Brasil em abril de 2012)[84].

Nesse momento, o modelo de negócios do Facebook já estava bem estabelecido e as fontes de receitas provenientes da publicidade não paravam de crescer. Em janeiro de 2011, uma nova rodada de investimento valorou a empresa em 50 bilhões de dólares. Zuckerberg estava no caminho para concretizar sua visão de tornar o mundo mais aberto e conectado. A filosofia era ganhar dinheiro para criar serviços, e não o contrário. O timeline foi outro desenvolvimento, visando melhorar o visual das páginas pessoais, sendo a maior reformulação de design, desde a introdução do feed de notícias. No início, a migração para a nova funcionalidade foi opcional, tornando-se obrigatória meses depois.

Um dos movimentos mais controversos na trajetória de Zuckerberg como CEO da empresa foi a aquisição da rede social especializada em compartilhamento de fotos, chamada Instagram, por 1 bilhão de dólares, em 2012. Não bastasse essa compra ter sido feita um mês antes da abertura do capital do Facebook, o valor pago a uma pequena empresa de 30 funcionários que ainda não havia encontrado formas de monetizar sua audiência, gerou críticas a Zuckerberg. Ele respondeu em seu perfil, explicando a aquisição:

> "Estou animado para compartilhar a notícia de que nós adquirimos a Instagram e que a sua talentosa equipe irá se unir ao Facebook... Vamos aprender com a experiência do Instagram para elaborarmos características semelhantes em nossos outros produtos. Ao mesmo tempo, vamos tentar ajudar o Instagram a continuar crescendo, usando a forte equipe de engenharia e infraestrutura do Facebook[85]".

Apesar deste fato, o ano de 2012 foi marcado por dois outros fatos importantes. Primeiro foi o sucesso da oferta inicial de ações, ocorrida em maio, transformando o Facebook na empresa de tecnologia mais valiosa da história no momento do IPO, tendo atingindo o valor de mercado de 104 bilhões de dólares[86]. Zuckerberg entrou para a lista dos trinta maiores bilionários do mundo.

Não seria somente ele que viraria bilionário naquele ano. Em outubro o Facebook anunciou que havia registrado o usuário número 1.000.000.000. Zuckerberg comemorou o fato:

> "Ajudar 1 bilhão de pessoas a se conectar é incrível e, de longe, a coisa de que eu mais me orgulho na minha vida[87]".

No final de 2013, o número de pessoas cadastradas no Facebook (1,19 bilhão) representava mais da metade das pessoas do mundo com acesso à internet. Países como Brasil, Estados Unidos, México, Indonésia e Índia eram os mais representativos[88]. Se levarmos em consideração que o Facebook é proibido na China, a expansão é fantástica. O perfil como ferramenta tornou-se o equivalente a um passaporte online, sendo utilizado para "logar" em sites de terceiros. Com a aquisição da ferramenta de comunicação Whatsapp, em 2014, por impressionantes 16 bilhões de dólares, Zuckerberg e o Facebook deram mais um passo rumo à sua missão.

Mark Zuckerberg fundou o Facebook com apenas 19 anos e o transformou em uma das maiores empresas de tecnologia do mundo, em menos de 10 anos. Em 2010, ele recebeu o título de "Personalidade do Ano" pela Revista *Time*[89] e está na lista das pessoas mais ricas do mundo pela Revista *Forbes*, tendo sua fortuna avaliada em 19 bilhões de dólares, em 2013[90].

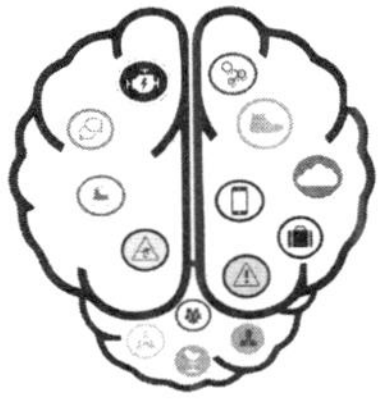

Capítulo 5

LIÇÕES DOS INOVADORES

Cada um dos integrantes do Time dos Sonhos, analisados neste livro, construíram negócios extraordinariamente inovadores e de sucesso. Como indivíduos, suas histórias são bastante distintas, mas como empreendedores, estrategistas e gestores, eles possuem pontos em comum que podem servir de inspiração para qualquer um de nós.

O professor Jeff Dyer[1] observa que a maioria dos executivos enxerga a criatividade e a inovação como uma caixa-preta, na qual existem os escolhidos e os renegados. Ao contrário do senso comum, capacidade de inovação não é um dom genético com o qual nascemos ou não. É uma competência que pode ser desenvolvida, através de autoconhecimento e prática.

Jobs, Bezos, Brin, Page e Zuckerberg são expoentes nessa atividade e servem de inspiração para dominarmos a arte de inovar. Os dois hemisférios de nosso cérebro controlam habilidades diferentes. O lado esquerdo é responsável pela nossa capacidade analítica e lógica, com características como atenção aos detalhes, pensamento linear e baseado em fatos, análise do passado e do presente, na realidade, praticidade e segurança.

Já no lado direito, vemos as coisas de forma holística, é onde nossa criatividade, intuição e imaginação tomam forma. Nesse lado pensamos no presente e nas possibilidades para o futuro. Nossas crenças e ímpeto permitem que tomemos riscos. Pode-se dizer que o lado direito é responsável pelas nossas competências "soft", enquanto o esquerdo é responsável pelas "hard".

Muita gente acredita que um grande inovador utiliza somente o lado direito do cérebro, mas colocar em prática as lições aprendidas com o time dos sonhos da inovação requer o desenvolvimento de habilidades nos dois hemisférios. Somente criatividade não fará de você um inovador. Os cinco inovadores estudados compartilham características comuns que demandam tanto o lado soft quanto o lado hard do nosso cérebro.

O modelo mental do time dos sonhos traz lições que podemos dividir em 3 diferentes dimensões: Ideias e Insights, Liderança e Execução.

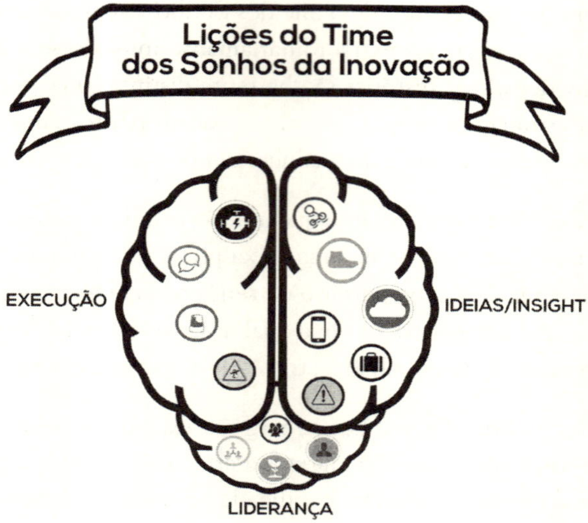

Ideias e Insights

É o começo do processo de inovação. Envolve empreender e buscar inspiração para novas ideias.

Lição 1:

O Sonho na Frente do Dinheiro

Lição 2:

Criar um Modelo de Negócios Único

Lição 3:

Não Ter Medo de Correr Riscos

Lição 4:

A Cabeça nas Nuvens e os Pés no Chão

Lição 5:

A Inovação Não Precisa Ser Somente nos Produtos

Lição 6:

Conectar os Pontos

Liderança

O papel da liderança é fundamental para a inovação ocorrer. Inspirar e desafiar as pessoas a desenvolver coisas extraordinárias é a chave para a inovação ocorrer.

Lição 7:

Formar Equipes de Alto Nível

Lição 8:

Facilitar a Colaboração e o Trabalho em Equipe

Lição 9:

Fomentar uma Cultura Incomparável

Lição 10:

Colocar as Pessoas Certas para Fazer as Coisas Certas

Execução

Normalmente a execução recebe menos atenção quando estamos falando de inovação. Na prática, ela é tão importante quanto as atividades criativas relacionadas a geração de ideias.

Lição 11:

Mantenha o Motor da Inovação Ligado

Lição 12:

Senso de Urgência e Execução

Lição 13:

Atenção aos Detalhes

Lição 14:

Comunicar a Inovação

Lição 1: O Sonho na Frente do Dinheiro

> Eu nunca fiz isso pelo dinheiro. Ser o cara mais rico do cemitério não é importante para mim. Ir para cama à noite e dizer que fiz algo maravilhoso, é com isso que me importo[1].
>
> Steve Jobs

Steve Jobs queria deixar a sua marca no mundo. Ele costumava dizer que sua missão era dar uma contribuição à sociedade, fazer com que o mundo fosse melhor com suas criações.

O dinheiro nunca foi a sua motivação principal, o que não significava que ele não o quisesse. Ele sempre era firme nas negociações que envolviam a venda das participações nos negócios que criava, ficando milionário e depois bilionário, porém o que movia seu trabalho não era o dinheiro.

Ele trabalhava intensamente durante quase 20 horas por dia, mesmo quando já tinha a riqueza necessária para manter gerações da família Jobs. Ele tinha o hábito de fazer ligações de trabalho durante a madrugada, tudo porque naquele momento precisava compartilhar suas ideias[2].

Em diferentes momentos ele seguiu seu coração e sonhos, e isso fez toda a diferença. Abandonar a faculdade podia parecer um erro, mas ele não via nisso algo que pudesse ajudá-lo a concretizar seus sonhos. A expressão "deixar sua marca no universo" o acompanhou por toda a vida.

Jobs conseguia atrair pessoas talentosas e compartilhar sua visão inovadora com elas para que o ajudassem a concretizar seus sonhos. Essa paixão foi importante no início da Apple e quando comprou a empresa de animação que depois se transformou na Pixar. Essa paixão pelo desafio e pela inovação se perdeu na Apple, quando ele se afastou do dia a dia do negócio; com seu retorno, essa energia recolocou a empresa no topo.

Mesmo não sendo obcecado por dinheiro, quando Jobs morreu, seu sonho de construir produtos maravilhosos havia lhe rendido uma fortuna estimada em pelo menos 8 bilhões de dólares[3].

Jeff Bezos também é assim. Durante os anos iniciais da empresa fundada por ele, alguns analistas a chamavam de Amazon.org, fazendo referência à maneira como ele administrava o negócio, como se fosse uma empresa sem fins lucrativos. Especialmente nos anos que antecederam a chamada bolha das empresas de internet, em que empreendedores ficavam ricos instantaneamente, vendendo empresas que não passavam de pouco mais que uma apresentação de Power Point, esperar por lucros e resultados de longo prazo podia parecer um erro. Porém, o tempo mostrou que Bezos estava certo.

Começar uma empresa pensando em resultados a longo prazo era algo incomum para a maioria das startups de tecnologia, e isso colocou à prova o sonho de Bezos de começar a Amazon, e depois manter suas convicções, mesmo com toda a pressão dos investidores de Wall Street após a abertura do capital.

> "As vezes nós medimos as coisas e percebemos que no curto prazo isso acaba prejudicando as vendas. Mas fazemos isso de qualquer forma, porque acreditamos que as métricas de curto prazo não são os indicativos de longo prazo[4]".

Para iniciar a Amazon, foi necessário recorrer a investidores anjos e não foi nada fácil. Ele estava pelo menos três anos à frente da fartura de investimentos em empresas de internet, e não bastasse isso, outro fator que colocou à prova a concretização do negócio foi sua paciência para esperar os lucros.

Sua meta com a Amazon era construir uma grande empresa e isso fez com que ele colocasse seus sonhos, o crescimento sustentável e a satisfação dos consumidores na frente de um desejo pessoal de enriquecer. Ao contrário disso, ele manteve um padrão de vida bastante modesto desde o início, mesmo depois de suas ações estarem valendo bilhões de dólares.

Desde o primeiro ano, a Amazon apresentou crescimento expressivo nas receitas, porém, o desejo de manter a empresa pronta para o futuro e a constante batalha mercadológica com as livrarias físicas resultou em quase dez anos de prejuízos para a empresa. Foi apenas no exercício de 2003 que a Amazon reportou o primeiro fechamento anual com lucro. Depois de abrir o capital em 1997, Bezos resistiu à pressão dos investidores e manteve firme sua maneira de gerenciar.

> "Se temos uma estratégia de longo prazo, os interesses do consumidor e do acionista estão alinhados. No curto prazo nem sempre isso acontece. Para nós é uma questão de fé colocar os clientes primeiro, até porque sabemos que os acionistas só vão se beneficiar com isso. Temos que partilhar essa visão de longo prazo, algo que é fundamental para a inovação. Até chegarmos ao nosso objetivo, vamos falhar muitas vezes[5]".

Quando em 2001 ele introduziu o frete gratuito para encomendas, a partir de um valor determinado, os investidores o criticaram fortemente, já que esperavam que a empresa se concentrasse em gerar lucros, especialmente após os acontecimentos do ano anterior na bolsa de valores com as empresas de internet[6].

Bezos não se deixava levar pela pressão e, com sua estratégia, mantinha a missão de dificultar a entrada de novos concorrentes de peso. Além disso, esse tipo de postura reforçava sua obsessão por satisfazer os clientes e realmente tornou o negócio valioso, colocando a Amazon numa posição difícil de ser batida por outros concorrentes. Outro exemplo da sua paciência por resultados foi quando ele criou a Blue Origin, a empresa de viagens espaciais. Ela é uma aposta arriscada e de longo prazo, bem ao estilo Jeff Bezos:

"Estamos trabalhando, pacientemente e passo a passo, para reduzir o custo dos voos espaciais para que muitas pessoas possam pagar a viagem e para que nós, seres humanos, possamos continuar a exploração do sistema solar. A realização dessa missão vai demorar um bom tempo e estamos trabalhando nela metodicamente. Acreditamos numa melhoria gradativa e em manter os investimentos em ritmo sustentável. Devagar e sempre é o jeito de conseguir resultados, e não vamos nos enganar pensando que será mais fácil à medida que avançarmos. Passos menores e mais frequentes permitem um aprendizado mais rápido, nos ajudam a manter o foco e dão a cada de um de nós a oportunidade de ver o nosso último trabalho deslanchar mais cedo[7]".

Desde o início do Google, Brin e Page estabeleceram uma série de princípios e valores que servem de guia para a tomada de decisões no dia a dia. Em diferentes situações, os resultados financeiros podem ser colocados de lado para manter os padrões morais e valores cultivados por ambos. Vejamos alguns exemplos.

Manter os resultados da busca na chamada seção "orgânica" exclusivamente baseada no algoritmo dos links tem sido uma regra inegociável. Muitas ferramentas de busca aceitavam modificar a ordem de apresentação dos resultados, se houvesse o investimento de uma verba para tal por parte dos anunciantes. Os usuários não percebiam, porém, que a sequência de sites resultantes da busca poderia estar influenciada por uma empresa, tentando promover seu produto ou serviço. No Google, o princípio básico se mantém o mesmo desde a criação da ferramenta: a integridade dos resultados deve ser intocável e baseada estritamente em critérios técnicos.

Essa política está baseada no princípio da relevância e segue o mantra de "não ser mau". Quando alguma parte do site apresentar anúncios, estes estarão identificados com as palavras e links patrocinados. A lógica por trás dessa diretriz é a seguinte: quando um usuário buscar informações sobre determinada doença, um câncer por exemplo, Brin e Page querem que apareçam nos primeiros resultados aqueles sites que trazem informações mais relevantes sobre o tema, e não aqueles que pagaram mais para estar ali.

Pela lógica de funcionamento da ferramenta, uma das formas de determinar os sites mais relevantes é identificar aqueles que possuem mais conexões de outros, sendo referência para o assunto. Em última análise, os próprios usuários da internet é que ajudarão a definir quais resultados apresentar.

Todos os anos, o Google deixa de faturar milhões de dólares de receitas que poderiam vir de setores que não são permitidos anunciar na ferramenta. Bebidas alcoólicas, tabaco e armas, por exemplo, não podem vincular anúncios pagos. Brin comentou essa situação.

> "É uma decisão nossa. Não permitimos anúncios de armas, e os lobistas do setor ficam irritados com isso. Não tentamos colocar nosso senso ético nos resultados das buscas (orgânico) mas fazemos isso quando se trata dos anúncios[8]."

> Manter essas convicções pode sacrificar algum resultado a curto prazo, porém na visão deles, esses valores são inegociáveis e precisam ser colocados em prática na condução do negócio. O Google precisa ser uma empresa da qual possam se orgulhar, não somente pelos resultados financeiros, mas também pela contribuição que estão fazendo para a sociedade. Por si só, a função principal de organizar a informação e conhecimento existentes na internet já atende parte dessa missão, mas eles têm tentado fazer mais.

Todos os anos, a empresa doa 1% do seu lucro para instituições de caridade[9]. Além dessas doações, organizações não governamentais recebem verbas de anúncios gratuitos na ferramenta, visando levantar recursos ou divulgar suas causas. O Google também investe e financia maneiras de melhorar o meio ambiente e a sociedade. O projeto chamado Google Loon[10] tem como missão levar a internet para áreas remotas do mundo e democratizar a informação.

Além disso, o Google Projeto 10 elevado a 100, lançado em 2009, visava identificar ideias que poderiam mudar o mundo, ajudando o maior número de pessoas possível. A empresa inspirou-se em estudos onde afirma-se que além de um certo nível de riqueza material, o único fator que contribui para o aumento da felicidade individual é oferecer ajuda a outras pessoas. Foram distribuídos 10 milhões de dólares para projetos de apoio à educação, ao transporte público e à cidadania[11]. Em 2014, foi realizado no Brasil o Desafio de Impacto Social, com o objetivo de apoiar projetos de ONGs a saírem do papel.

Cultivar e praticar os valores do negócio tem sido uma prática do Google. Os sócios concordam que, no longo prazo, manter esses valores em prol de determinadas oportunidades de maximizar os lucros manterá o sucesso do negócio. Para eles, os acionistas estarão satisfeitos se os usuários e comunidades também estiverem, e fazem questão de espalhar esses valores para todos na empresa.

Lição 2: Criar um Modelo de Negócios Único

> Veja só, não somos uma empresa de livros. Não somos uma empresa de música. Não somos uma empresa de vídeos. Não somos uma empresa de leilões... Somos uma empresa de clientes[12].
>
> Jeff Bezos

Montar um modelo de negócios único é a chave para criar uma barreira consistente contra os concorrentes. Jeff Bezos vem trabalhando para fortalecer os três pilares fundamentais do modelo Amazon: variedade de produtos, conveniência e preços baixos. Cada um dos elementos complementares criam condições para a manutenção da liderança da Amazon no comércio eletrônico e outros serviços.

O primeiro pilar do modelo de negócios único é a grande variedade de produtos disponíveis aos clientes. A Amazon trabalha com a lógica do "*one stop shop*", ou seja, o cliente deve encontrar tudo que precisa nas prateleiras virtuais da empresa. Além disso, o modelo digital permite um estoque quase infinito, com inúmeras opções para o consumidor, deixando as lojas físicas muito atrás quando o assunto é variedade de produtos. Em quase vinte anos, a Amazon saiu de uma categoria de produtos (os livros) para pelo menos 16 principais categorias, como roupas, equipamentos eletrônicos, música, vídeo, acessórios automotivos e muitas outras[13].

O segundo pilar do modelo de negócios criado por Bezos é a conveniência. A estrutura Amazon permite um atendimento diferenciado, pois os consumidores podem buscar seus produtos facilmente, recebem recomendações e acessam as avaliações de outros usuários em relação a produtos adquiridos. Funcionalidades como ler uma amostra dos livros romperam com as barreiras do comércio eletrônico tradicional, além de todos os produtos possuírem especificações detalhadas de características e desempenho.

Outras ações como a compra em um clique, lojas personalizadas conforme o perfil de compras/histórico de pesquisas e entregas gratuitas, definitivamente tornaram a experiência do e-commerce atrativa e conveniente. Todo esse esforço de atendimento diferenciado é complementado por um serviço ao cliente de alto nível, onde há a combinação de ações automáticas e interações com o ser humano.

> "Se você cria uma grande experiência, os consumidores falarão uns para os outros. O boca a boca é muito poderoso[14]".

Finalmente, o modelo de negócios Amazon é focado no baixo custo. A loja virtual e os centros de distribuição reduzem os custos de estrutura de lojas convencionais como aluguéis, equipes de venda e estoques nos pontos de venda. A estratégia ainda envolve manter os itens de maior fluxo em estoque e trabalhar com parceiros nas vendas de produtos de menor giro, garantindo um ciclo financeiro bastante atrativo.

Além disso, a escala permitiu compartilhar serviços e infraestrutura com outras empresas, criando novas fontes de receitas para a empresa. Os serviços de logística, chamados FBA (fulfillment by Amazon), S3 (serviço de armazenagem) e EC2 (capacidade computacional) seguem essa filosofia. Também contribuem para reduções de custo de operação e migração dos bens físicos para os digitais. Gradualmente o negócio migra para livros eletrônicos (Kindle), audio books (Audible), músicas (Amazon mp3), vídeos (Amazon Instant Video) e aplicativos (Amazon AppStore), o que impacta positivamente para redução de custos dos produtos vendidos e logística de entrega que, nesses casos, é quase irrelevante em comparação ao modelo de bens físicos.

O caso do Facebook também traz uma lição importante quanto ao modelo de negócio. Em um curto espaço de tempo em Harvard, Zuckerberg desenvolveu o Course Match, o Facemash e o Facebook. Todos os projetos desenvolvidos traduziam a vontade de criar algo diferente e sobretudo aplicar seu grande conhecimento de programação de computadores para conectar pessoas e resolver uma necessidade do público-alvo de uma maneira mais satisfatória que as propostas existentes na época.

O conceito de rede social não era novo, e a ideia de Zuckerberg foi baseada em uma evolução de quase quarenta anos[15]. Desde que a internet foi criada, as conexões virtuais entre pessoas puderam ser ampliadas, especialmente através dos e-mails e dos comunicadores instantâneos, como os messengers. Por definição, uma rede social pode ser caracterizada como uma comunidade virtual na qual os participantes possuem um perfil próprio e estabelecem conexões com outros participantes, compartilhando informações.

Desde as origens da internet já se falava na comunicação de usuários com interesses comuns afastados geograficamente através de mensagens eletrônicas. Com o surgimento da *world wide web* também começaram a crescer as comunidades virtuais nas quais os usuários podiam criar suas páginas pessoais, com destaque para o Geocities. Em 1994, surgiu o site de relacionamentos Match.com e um ano depois o Classmates.com, cada qual com um propósito bastante específico, mas ambos serviam para conectar pessoas com interesses comuns[16].

A primeira rede social nos moldes das atuais foi a SixDegrees. Ela era direcionada para pessoas reais que se conheciam e estabeleciam conexões com outras pessoas, podendo montar um perfil com o objetivo de descobrir pontos em comum entre elas. A SixDegrees tentava mapear as relações existentes entre pessoas reais que utilizam seus nomes verdadeiros[17].

A forma de convite era através de algum e-mail dos participantes da rede social (algo inovador na época) e cada usuário podia criar um perfil pessoal com informações sobre interesses e características. A SixDegrees era um grande produto, mas fora do seu tempo. O custo de desenvolvimento e manutenção do site eram altíssimos, pois demandava muita gente especializada e licenças de software caras.

Outra dificuldade estava na velocidade de acesso dos usuários que ainda utilizavam em sua maioria redes discadas. Somado a isso, naquela época a disponibilidade de câmeras digitais ainda era limitada a poucos, fazendo com que a ferramenta não tivesse espaço para colocação de fotos nos perfis. A SixDegrees chegou a ter 3,5 milhões de usuários no seu auge, porém não conseguiu ir além do final do ano 2000[18].

Algumas outras iniciativas de redes sociais segmentadas surgiram nos anos seguintes, mas foi em 2002, com o surgimento do Friendster, que algo novo movimentava novamente esse mercado. O fundador, Jonathan Abrams, apostou na oportunidade de aproximar pessoas para novos relacionamentos, mas através da conexão com amigos dos amigos e utilizando seus nomes e perfis reais. O Friendster trazia a evolução do conceito do Match.com (que era voltado para relacionamentos mas entre estranhos)[19] e do SixDegrees (adicionando algo que faltava nele, ou seja, a foto ao lado do perfil do usuário).

O sucesso do Friendster foi enorme, desde o princípio. Milhões de usuários se cadastraram nos primeiros meses e a mídia especializada em negócios já apontava a empresa como o futuro da internet e até mesmo como o sucessor do Google[20]. Tudo parecia estar no caminho certo, porém a infraestrutura subdimensionada para operar a ferramenta começou a tornar a experiência dos usuários lenta e problemática. Cada página levava muito tempo para carregar e, para piorar, começaram a surgir diversos usuários com perfis falsos que contrariavam a ideia original do Friendster. Esses perfis foram deletados por decisão do fundador, causando revolta em alguns deles.

Na onda de sucesso do Friendster, a Califórnia começava a despontar como celeiro de novas empresas desse setor, e em 2003 surgia o LinkedIn, Tribe.net e o MySpace[21]. Na época começava a ficar claro que haveria dois tipos de redes sociais: as pessoais e as profissionais, sendo algumas mais ou menos segmentadas.

O MySpace aproveitou que o Friendster enfrentava problemas de desempenho e começou a atrair usuários, especialmente aqueles que haviam sido expulsos por utilizarem perfis falsos. Ele nasceu com forte vinculação à indústria da música e fez muito sucesso durante alguns anos, sendo durante 2005 e 2008 a rede social mais visitada no mundo, passando inclusive o Google em 2006 no número de visitas/mês[22]. Porém, a estratégia de construir a rede em torno da música e entretenimento mostrou-se ineficaz para combater o Facebook, que focou em aprimorar a experiência das relações pessoais, além de abrir a plataforma para desenvolvedores externos.

O Orkut, rede social do Google, também foi lançado semanas antes do Facebook. Mesmo no ambiente universitário, o Facebook não foi o pioneiro nas redes sociais. Stanford, Columbia e Yale já possuíam serviços similares. Mas o que fez com que o Facebook passasse por cima de todos esses e se transformasse na rede dominante do mundo?

Zuckerberg identificou que havia duas características fundamentais para que uma rede social pudesse prosperar: desempenho e experiência do usuário. Caso essas duas condições funcionassem bem, as conexões e a comunicação entre pessoas poderiam ser ampliadas.

Desempenho — o processo de crescimento escalonado, escola por escola, foi acompanhado de uma preocupação com a infraestrutura de servidores e software para suportar o novo tráfego e a manutenção da velocidade do serviço. Grandes investimentos foram e são feitos para manter os *data centers* da empresa prontos para oferecer velocidade e armazenar grande quantidade de fotos, vídeos e informações.

Experiência do Usuário — o Facebook adotou a estratégia de manter as coisas simples com funções realmente relevantes ao usuário para que a utilização fosse facilitada. Tudo no Facebook deve ser gerado pelos usuários e não pelos operadores do serviço. Mesmo assim a política da empresa mistura liberdade e controle, especialmente pelos aprendizados de outras redes sociais anteriores.

Há liberdade dos usuários de modificar o conteúdo, porém eles não podem fazer o mesmo com a interface. Além disso, funcionalidades como o botão curtir, o mural de notícias, a marcação dos usuários nas fotos e outros fizeram com que o Facebook realmente tivesse atributos únicos em relação aos concorrentes.

O Facebook conseguiu criar um espaço para os amigos deixarem mensagens (mural); foi aquele que introduziu os e-mails de alerta para informar aos usuários que haviam recebido um recado, ou mesmo que haviam sido marcados; e a própria funcionalidade de curtir, tudo isso foram elementos importantes para o sucesso da rede social. Porém, a ideia do negócio era muito maior que somente a questão tecnológica.

A criação em uma comunidade restrita em Harvard, e depois em outras universidades, trouxe um atrativo adicional para o Facebook, ou seja, os usuários e potenciais usuários sabiam que poderiam encontrar pessoas próximas na rede. Eles leriam e seriam lidos por pessoas que poderiam repercutir assuntos abordados. Mark soube criar funcionalidades voltadas para o público-alvo, pois sabia que muitos estudantes viviam longe de suas cidades e estavam ávidos para estabelecer novos contatos.

O Facebook acelerou essa integração, facilitando a organização de trabalhos, festas, grupos de estudo e tudo mais que cercava o universo dos estudantes. Dois anos depois do sucesso entre os estudantes de quase duas mil universidades[23], a expansão para outros amigos e familiares criou um hub de usuários interessados em comunicar e interagir.

Faltava uma ferramenta que pudesse melhorar a conexão e a comunicação de pessoas reais com alto desempenho, facilidade de uso e com recursos diferenciados. Zuckerberg identificou que esse era o modelo de negócios de uma rede social, e o Facebook conseguiu fazer isso.

Para Jobs, o modelo de negócios devia estar baseado na experiência que os clientes teriam ao comprar e utilizar os produtos da Apple. Essa experiência diferenciada era parte da estratégia que ia desde os pontos de venda, passava pelos produtos e chegava até a casa dos consumidores, no momento da abertura das embalagens.

A ideia da Apple Store foi concebida em cima de uma angústia de ver seus produtos expostos inadequadamente nos grandes varejistas e lojas de eletrônicos. Naquela época os computadores e produtos eletrônicos eram apresentados nos pontos de venda em prateleiras chaveadas e demonstrados sob olhares atentos de vendedores que pareciam mais preocupados em evitar qualquer dano ao equipamento do que propriamente criar um momento de persuasão aos possíveis compradores.

Jobs queria que as lojas da Apple fossem centros de experimentação dos produtos que ele criava. Tudo foi pensado nos mínimos detalhes com sua participação direta, dos móveis até a iluminação, de forma a convidar os consumidores a testar as funcionalidades dos equipamentos expostos. Não haveria caixas de pagamento nem vendedores comissionados como no modelo até então vigente. A equipe funcionaria como consultores que auxiliariam a configurar os novos equipamentos adquiridos ou facilitar o contato com os novos.

A experiência no ponto de venda transformou a Apple Store no maior sucesso de vendas da história do varejo. Foi a loja a atingir mais rapidamente a marca de 1 bilhão de dólares em vendas, e até hoje, em algumas localizações, mantém uma média de vendas por metro quadrado superior a lojas de joias e outros produtos de maior valor.

Mas a experiência não poderia ficar apenas nas lojas. Originalmente, todo o esforço de Steve Jobs era no sentido de tornar os produtos extraordinariamente simples e elegantes. Na realidade, alguns produtos como o mp3, o smartphone, o tablet e o próprio computador pessoal não foram inventados pela Apple. O grande feito estava na obsessão de Jobs em transformá-los em produtos bonitos, simples de usar e que proporcionassem uma experiência inexistente nos concorrentes.

Para Jobs, as pessoas não compravam os produtos da Apple simplesmente por questões funcionais, como peso, velocidade, ou funcionalidade. Para ele, as pessoas tinham sonhos, desejos e ambições que seus produtos ajudavam a preencher. Era como vender sonhos, em vez de produtos. As campanhas de comunicação como "1984 não será como 1984" e "Pense diferente" ajudaram a construir a imagem da experiência em volta da marca.

A preocupação dele com a experiência ia até o momento em que os consumidores abriam os produtos comprados. Além do seu bom gosto e obsessão pela elegância, o ato de tirar um produto de sua caixa era uma parte importante da experiência do usuário e, portanto, era pensado com muito cuidado.

Steve Jobs e Jonathan Ive pensavam como acondicionar os produtos na embalagem de forma adequada e intuitiva, prevendo a sequência de ações necessárias para colocar o produto em funcionamento. Ele gastava bastante tempo pensando nas embalagens, o que muitos achavam um desperdício, mas ele queria que a experiência fosse completa do início ao fim, em todos os detalhes. O modelo de negócios era complementado pelo ecossistema das lojas virtuais como a App Store e iTunes, criando uma fonte de receitas extraordinária.

Lição 3: Não Ter Medo de Correr Riscos

> Muitas empresas são organizadas de maneira que as pessoas julgam umas às outras por seus erros... Muitas empresas ficam tão preocupadas com a possibilidade de cometerem um erro que ficam com medo de arriscar[24].
>
> Mark Zuckerberg

Uma empresa que tem a missão de conectar pessoas, fazendo-as compartilhar informações, vive constantemente um dilema relacionado à privacidade. Assim como qualquer gestor, ao longo de sua trajetória Zuckerberg cometeu diversos erros, porém sua filosofia de inovação tem sido pedir perdão após cometer os erros, em vez de pedir permissão antes de tentar.

Para ele, uma empresa precisa criar uma cultura de coragem, não de medo[25]. O medo de tentar e errar acaba com a iniciativa das pessoas e torna a liderança temerária em desenvolver projetos de maior incerteza e risco. Independência, pró-atividade e criatividade são esperadas de quem trabalha para ele.

> "Movimentarmo-nos rápido nos permite construir mais coisas e aprender mais rápido. No entanto, a maioria das empresas, quando cresce, diminui o ritmo, pois elas têm mais medo de errar do que de perder oportunidades ao se mover muito lentamente[26]".

Andrew Bosworth, um engenheiro experiente que trabalha na empresa desde 2006, percebeu a importância de manter a abordagem de Zuckerberg e criou um programa de treinamento de seis semanas para ensinar os novos engenheiros a pensar como ele, ensinando o estilo Facebook.

"Sou o primeiro a admitir que já cometemos um monte de erros[27]*"*, disse Zuckerberg. Muitos casos podem ser citados ao longo de sua história: o Facemash em 2003, o Beacon em 2007, os termos de serviço e funções de privacidade em 2009 e o foco em HTML5 em 2012 são exemplos malsucedidos. Em alguns desses casos que envolveram a exposição dos dados dos usuários, além de recuar, ele teve de vir a público para pedir desculpas.

Mesmo com todos esses fracassos, a engrenagem de inovação não pode parar, na visão de Zuckerberg. Os erros provenientes de tentar fazer coisas novas são efeitos colaterais desse processo e servem de aprendizado para as novas funcionalidades. Na prática, ele acredita que o desgaste provocado pelos erros são bem menores que os benefícios resultantes dos projetos desenvolvidos e lançados com sucesso.

Jeff Bezos largou um ótimo emprego para fundar a Amazon, trocando o certo pelo incerto naquele momento. Ele tinha um ótimo emprego em Wall Street e poderia ter alcançado uma posição financeira bastante confortável, seguindo sua carreira como executivo. Ele não era um expert em negócios na internet, mercado editorial ou mesmo logística, mas largou o emprego e partiu em uma jornada rumo à costa oeste americana atrás do seu sonho. Sem dinheiro necessário para iniciar o negócio, foi até à Califórnia e depois para o Oregon para contratar pessoas e encontrar investidores. Um cenário bastante desfavorável para quem estava começando uma nova empresa.

Já na origem da Amazon, sua capacidade de aceitar riscos foi testada. O modelo de negócios concebido foi baseado na ideia de possuir o maior catálogo de títulos disponíveis na livraria online. Jeff conversou com diversos experts do mercado editorial, e de forma geral eles entendiam que essa não era uma boa estratégia e que ele deveria focar na venda de best-sellers e de categorias populares de títulos, pois eles geravam maior giro de estoque e vendas (exatamente o que as livrarias tradicionais do meio físico faziam). Ele não concordava com isso e apostou que o diferencial poderia estar em ter um grande acervo, suportado por uma logística eficiente e ágil na entrega dos produtos. E sua aposta deu certo.

"Todas as pessoas bem-intencionadas e preparadas a quem perguntamos diziam para não fazermos isso. Recebemos bons conselhos, os ignoramos, e isso foi um erro. Mas esse erro foi a melhor coisa que aconteceu para a empresa[28]".

Ao oferecer um estoque muito superior aos concorrentes das lojas físicas a um preço bastante atrativo, os primeiros clientes começaram a divulgar o site, criando um importante marketing boca a boca. Se Jeff tivesse adotado a estratégia cautelosa de vender apenas os títulos tradicionais, provavelmente a velocidade de disseminação do negócio teria sido mais lenta.

Desde o início ela sabia que precisava arriscar-se para fazer o negócio crescer rapidamente. Poucos dias depois de lançar oficialmente o site, ele recebeu a consulta de alguém do Yahoo sobre a possibilidade de adicionar o Amazon.com na lista "What's Cool", que na época era a página de maior fluxo da internet. Para uma empresa iniciante, isso poderia ser um grande risco, pois poderia tirar o site do ar, criar problemas na logística de entrega e gerar uma repercussão negativa de experiências desagradáveis[29].

Ao longo de sua carreira, Bezos desenvolveu uma competência para identificar bons negócios, para investir e assimilar os fracassos como elementos para aprendizagem do processo de buscar empresas inovadoras. Apesar de muitos investimentos malsucedidos, especialmente em empresas de internet no final dos anos 1990, isso não o fez parar de buscar novas oportunidades e tentar novamente. Por exemplo, ele foi um dos investidores iniciais do Google e do Twitter, todas quando ainda eram empresas em fase inicial de operação.

A busca pelo crescimento e novas oportunidades fez de Bezos um investidor em série. Em 1999, o ritmo de aquisições ou investimentos em novas empresas estava acelerado. Nos seis meses iniciais do ano, ele comprou empresas como a Drugstore (farmácia virtual), o e-Niche (um site de compra e venda de músicas), o MusicFind (para expandir a venda de CDs), o Bibliofind (livros raros), o Accept.com (varejista), a Alexa Internet (recomendação de sites interessantes), o Bubbles (recomendação de produtos em função dos históricos de visitas), o HomeGrocer.com e a casa de leilões Sotheby's[30]. Nem todos foram bons investimentos e trouxeram o resultado esperado.

> "Se quem dirige a Amazon não cometer alguns erros significativos nos nossos investimentos, não estaremos fazendo um bom trabalho pelos nossos acionistas, porque não estaremos nos empenhando o bastante. Vocês devem esperar erros[31]".

Esse apetite por riscos acabou por refletir na cultura organizacional da Amazon. Jeff encoraja os colaboradores a buscar novas soluções para as atividades e problemas e entende que erros decorrentes dessa postura não devam ser castigados. No desenvolvimento do Kindle, ele apostou alto no sucesso dos livros digitais.

> Lembro de uma reunião em que um de nossos executivos me perguntou: quanto você está disposto a gastar no Kindle? Olhei para ele e disse: quanto nós temos para gastar[32]?

O começo da Apple também foi uma grande aposta para Steve Jobs e Steve Wozniak. Eles tinham apenas vinte e poucos anos e queriam mudar a forma como as pessoas trabalhavam, popularizando o computador pessoal. Ambos tinham um emprego, Jobs trabalhava na Atari e Wozniak na HP[33]. Apesar de jovens, foi necessário muita coragem para se dedicarem integralmente aos seus sonhos. Essa característica acompanhou Jobs em diversas fases de sua carreira. Quando ninguém acreditava que o computador pudesse ser um produto de massa, o Apple II mostrou-se um fenômeno de vendas.

Para iniciar uma mudança como essa, é preciso muita coragem e confiança nas suas ideias e competências. Muitos empreendedores não concretizam seus sonhos pela falta de coragem de colocá-los em prática, o medo do fracasso, ou mesmo a falta de perseverança de fazer suas ideias acontecerem. Jobs dizia que era preciso ser fiel a sua intuição:

> "Não deixe o barulho da opinião dos outros abafar sua voz interior. E mais importante, tenha a coragem de seguir seu coração e sua intuição. Eles de alguma forma já sabem o que você realmente quer se tornar. Todo o resto é secundário[34]".

Em diferentes outros momentos a coragem e intuição fizeram parte do perfil da Jobs. Quando lançou o Macintosh em 1984, foi uma grande aposta para a Apple que vinha de dois fracassos (Apple III e o Lisa). Quando muitos ainda duvidavam do mercado de computadores pessoais, ele queria lançar o Fusca dos computadores, que fosse barato de produzir, porém com atributos revolucionários. A mesma coragem ele demonstrou quando apostou na NeXT, tentando criar uma concorrente de nicho com a própria Apple. A Pixar também foi uma grande aposta, pois quando ele a comprou de George Lucas, a empresa ainda era pequena e focava em um mercado bastante restrito na época.

> "Estou convencido de que metade do que separa os empreendedores de sucesso dos fracassados é basicamente a perseverança. É muito difícil. Você coloca tanto de sua vida nisso. Há tantos momentos difíceis, que a maioria das pessoas desiste. Eu não as culpo. É muito duro e consome sua vida... É um trabalho de 18 horas por dia, sete dias por semana. A não ser que você tenha muita paixão pelo que está fazendo, você não irá sobreviver, irá desistir. Ou você teve uma ideia, um problema, ou algo errado que quer resolver e é apaixonado por aquilo, ou você não terá a perseverança de levar isso adiante[35]".

Não existe empreender sem correr riscos, por mais bem planejada que seja a iniciativa. Começar um novo negócio ou projeto inovador significa tentar algo que ainda não foi feito e isso requer tempo para fazer o negócio se tornar realidade. É preciso coragem e apostar como ele fez no início da Apple, da NeXT e da Pixar. Muitas inovações não têm sucesso instantâneo, precisam ajustar o modelo de negócios depois do lançamento e isso requer perseverança para seguir acreditando na ideia.

Grandes empreendedores são impulsionados por convicções e sonhos. Page e Brin desistiram do curso de doutorado em Stanford pouco tempo antes de concluírem. Essa decisão foi um duro golpe para seus pais, que esperavam que eles seguissem seus passos no meio acadêmico. Tudo isso para apostar todas as fichas em um negócio que já existia pelo menos em outras cinco empresas no mercado, e os dois não tinham a menor ideia de como iriam ganhar dinheiro. Somava-se a isso o fato de ambos serem jovens e não terem nenhuma experiência executiva relevante anterior ao Google, além de serem engenheiros e não homens de negócios.

As incertezas eram muitas naquela época, tanto que pouco depois de saírem das instalações de Stanford, eles foram em busca de investidores para vender a tecnologia para outras empresas do setor. Eles bateram na porta de todas elas, inclusive do Yahoo (a grande empresa da era da internet até aquele momento) e nenhuma se mostrou interessada[36].

Para uma empresa como o Google, que valoriza muito a análise de dados em larga escala, pode parecer estranho correr riscos e aceitar incertezas nos projetos. Os dados são importantes para verificação da demanda e validação dos projetos pilotos, mas nada disso impede que novos produtos sejam gerados e lançados, mesmo que haja grandes níveis de incertezas. Essa abordagem já rendeu grandes sucessos para a empresa, mas também grandes fracassos, como o Dodgeball, o Google Wave, Health, Buzz e outros tantos[37].

Um dos mantras de Brin e Page para o Google é: lance logo esses filhotes[38]. A empresa não deve ter receio de desenvolver e lançar novos produtos. Eles cultivaram a cultura de fazer primeiro, desculpar-se depois. Certa vez um colaborador do Google disse a respeito dessa postura:

"Você não pode se debruçar nos problemas cedo demais, ou eles se mostrarão maiores do que as vantagens, e aí você decidirá não executar o projeto. É por isso que o Google conseguiu fazer tantas coisas, enquanto outras empresas não avançam. O Google sabia tão bem quanto as outras empresas que havia milhões de motivos para não fazer algo[39]."

Um dos momentos importantes da história do Google foi em 2002, quando o então maior portal de internet do mundo (AOL), resolveu fazer uma concorrência para escolher qual seria o mecanismo de publicidade online que utilizaria. Até então, o maior concorrente da época do Google, o Overture, atendia e faturava milhões com essa parceria. Os executivos da AOL sabiam que haveria uma grande disputa pelo contrato e estabeleceram cláusulas bastante agressivas, exigindo, por exemplo, uma grande caução não reembolsável inicial sobre as vendas.

Naquele momento, o Google ainda investia muito em infraestrutura e no crescimento do negócio. Segundo executivos, havia apenas 10 milhões de dólares no caixa da empresa, mas esse novo contrato era um grande risco, já que poderia render 40 milhões de lucro ou 40 milhões de prejuízo[40].

Brin e Page estavam empolgados e confiantes no negócio, mesmo sabendo que o pior cenário levaria a empresa à falência. Eric Schmidt, o CEO da época, era contra o negócio, mas os dois insistiram, e o Google conseguiu levar para sua ferramenta o imenso fluxo diário de cliques dos 34 milhões de clientes da AOL[41]. Normalmente, quando dizem que é impossível fazer algo, de certa maneira a reação esperada dos dois seria duvidar. Entretanto, eles acreditaram que seria possível até que lhes provassem o contrário, ainda que tivessem que correr riscos, os quais a maioria dos empreendedores não correria.

Lição 4: A Cabeça nas Nuvens e os Pés no Chão

> Uma ferramenta de busca perfeita irá processar e entender toda a informação disponível no mundo. É para esse lado que o Google está seguindo[42].
>
> Sergey Brin

Criar uma empresa pensando em organizar toda a informação do mundo requer uma visão de futuro que poucos teriam em 1997. Em 2004, eles foram perguntados como viam o futuro da busca:

> "Ela estará dentro do cérebro das pessoas. Quando você pensar em alguma coisa e não souber muito sobre isso, acessará automaticamente a informação... Em algum momento do futuro você terá um implante que lhe fornecerá a resposta para qualquer pergunta[43]", disse Page.

Tirando a questão do implante, boa parte das previsões dele já foi desenvolvida. O sistema chamado Google Instant, que procura enquanto o usuário digita, e a busca por voz tentam traduzir essa visão. Mais recentemente, o Google Glass também dá vida à ideia de levar o conhecimento para todos os lugares, tentando ampliar as capacidades do ser humano. Brin dizia que o Google deveria ser uma aplicação inteligente.

> "Queremos que o Google seja tão inteligente quanto você... Você deve conseguir uma resposta assim que pensar nela[44]."

Nas fases iniciais de expansão da infraestrutura, Page impressionava a todos com sua crença de que um dia a empresa chegaria a receitas superiores a 10 bilhões de dólares. Quando os primeiros colaboradores começaram a ver o negócio crescer, eles comentavam com Brin sobre a possibilidade de ficarem milionários. Milionários? Por que não bilionários[45]? Essa era a resposta dele. O mais interessante era que naquele momento a empresa ainda não tinha faturamento e não sabia ao certo como iria gerar receitas.

Page declarou a um dos primeiros jornalistas que visitaram o recém-criado Google que "*se não formos muito melhores no ano que vem, já teremos sido esquecidos*"[46]. Eles temiam que a empresa seguisse o mesmo caminho do Alta Vista, que não conseguiu apresentar novidades aos usuários.

O papel de um grande estrategista nas empresas é apontar o futuro e fazer com que ela mobilize recursos para torná-los realidade. Enxergar essas grandes oportunidades é tarefa da alta gestão e para isso é preciso balancear projetos que possam garantir o presente e o futuro do negócio.

Particularmente, Steve Jobs tinha excelente percepção de qual seriam as novas tecnologias e produtos que mudariam os mercados, isso muito antes deles chegarem a se tornar realidade. Uma passagem interessante ocorreu em 1983, no qual ele já falava em um produto muito parecido, ao qual hoje chamamos de tablets. Ele também já visualizava algo como incorporar redes sem fio, ao estilo das redes wifi. Essa fala ocorreu na Conferência Internacional de Design em Aspen, em 1983.

> "A estratégia da Apple é realmente simples. O que nós queremos é colocar um computador incrivelmente ótimo em um livro que você possa levar com você e aprender a usar em 20 minutos. Isso é o que queremos fazer, e ainda nesta década. E nós realmente queremos fazer isso com um link de rádio, para que você não tenha que conectá-lo a nada, e para se conectar com vários bancos de dados maiores e outros computadores[47]".

Em função da tecnologia disponível na época, ele não conseguiu cumprir sua missão e lançá-lo na década de 1980, mas a ideia do iPad, concretizada em 2010, já estava em seus planos fazia muitos anos. Essa percepção de futuro ia muito além de pesquisas com clientes e de perguntar o que eles queriam. Ele citava uma passagem que envolvia Henry Ford, que se tivesse feito o que os consumidores queriam, teria produzido carruagens com cavalos mais velozes.

Inventar o amanhã sem se preocupar com o que aconteceu ontem. Para ele não fazia sentido, olhar para trás e ficar se lamentando pelo que não foi feito. Isso não importava mais. Era preciso olhar para frente e apostar nas grandes inovações.

Todas as segundas-feiras pela manhã, Jobs e a equipe executiva se reuniam, e o foco principal era o futuro. As discussões tratavam de cada produto e do que eles deveriam fazer nas próximas versões, quais novidades a empresa deveria desenvolver e, sobretudo, o que a empresa não deveria fazer[48].

Estratégia também significa deliberar sobre o que a empresa não vai fazer no futuro. Jobs dizia que era tão orgulhoso daquilo que havia feito quanto do que não fizera. Numa empresa como a Apple, manter o foco na estratégia era fundamental, já que havia muita criatividade e era fácil aparecerem novas propostas como videogames, televisões de LCD e outros produtos relacionados à tecnologia. Ele não apostava em nada que não pudesse realmente trazer produtos completamente diferentes dos existentes no mercado.

Ao finalizar a apresentação do iPhone em 2007, Jobs citou uma frase que resume bem sua abordagem de olhar o futuro e mobilizar a empresa para torná-lo realidade:

> "Há uma velha frase de Wayne Gretzky que eu adoro: Eu patino para onde o disco vai estar, e não onde ele esteve. Nós sempre tentamos fazer isso na Apple desde o começo. E sempre vamos fazer[49]".

Poucos empreendedores no mundo recusariam uma oferta de 1 bilhão de dólares (Yahoo) com apenas 22 anos. Menos ainda declinariam de 15 bilhões de dólares (Microsoft) no ano seguinte. Quando houve a recusa da primeira oferta feita pelo Yahoo em 2006, Zuckerberg disse que estava trabalhando para realizar algo em longo prazo e que todo o resto era distração[50]. Para ele, o sucesso é uma maratona e não uma corrida curta.

Muitos empreendedores iniciam empresas para poder vendê-las o mais rápido possível. O foco é maior no dinheiro e menor no produto. A chamada bolha das empresas de internet no início dos anos 2000 foi causada por essa perspectiva especulativa em que negócios eram criados para serem vendidos, sem antes mesmo de provar realmente seu valor. O ecossistema que os investidores de risco e especuladores montaram levaram inúmeras empresas à falência e essa foi uma lição para os empreendedores do Vale do Silício.

Zuckerberg acreditava que a visão devia vir antes do dinheiro e que este devia ser um meio para viabilizar a realização daquela. Na prática, significava manter o controle do negócio para que "distrações" (alguns bilhões de dólares) não modificassem a missão do Facebook. Eliminar o desejo em prol do que realmente importava, esse era o lema dele.

> "...não construímos serviços para ganhar dinheiro, nós fazemos dinheiro para construir melhores serviços. E nós pensamos que esta é uma boa maneira de construir algo. Atualmente penso que cada vez mais pessoas querem usar os serviços de empresas que acreditam em algo além de simplesmente maximizar os lucros[51]".

Um dos motivos das diferenças entre Zuckerberg e o sócio Saverin foi a visão em relação à publicidade na rede social. Saverin buscava novos anunciantes para poder aumentar as receitas e financiar o crescimento, porém Zuckerberg impunha uma série de limitações a formatos especiais que pudessem afetar a usabilidade do Facebook. Para ele, as possíveis receitas adicionais de publicidade não poderiam impactar a experiência dos usuários e a visão de produto estabelecida.

Posteriormente o sucesso da rede permitiu criar um modelo de captura de valor relacionado à publicidade, já que esse tipo de site não era visto com bons olhos por anunciantes, mesmo aqueles que já trabalhavam com marketing digital. O Facebook foi a primeira rede a conseguir colocar anúncios com sucesso, sem prejudicar o ideal de Zuckerberg. Além disso, a criação de moeda virtual para utilização em jogos e aplicativos também rendeu uma fonte de geração de recursos.

Muitos não acreditavam e o criticaram quando houve a recusa das ofertas de venda do controle do Facebook. Mesmo após o IPO, em 2012, ele fez questão de manter o controle na tomada de decisões importantes, ficando com a maioria do capital votante. É dele a responsabilidade de eleger diretores, aceitar ou não a compra ou venda de ativos e também influenciar diretamente na gestão do negócio. Pode parecer um excesso de zelo por parte dele, mas tudo isso visa garantir que o Facebook se mantenha alinhado com a visão de futuro do fundador.

Lição 5: A Inovação Não Precisa Ser Somente nos Produtos

Nós conduzimos o Google mais ou menos como uma universidade. Temos muitos projetos, uns cem deles, acontecendo ao mesmo tempo. Gostamos de ter pequenos grupos de pessoas, por volta de três, trabalhando em cada projeto. Alguns deles, por exemplo, são relacionados à biologia molecular, ao passo que outros são relacionados a ferramentas de construção. Quer dizer, nós temos muitas coisas acontecendo[52].

Sergey Brin

O Google não foi a primeira ferramenta de busca da web. Outras ferramentas já existiam quando Brin e Page decidiram transformar seu projeto de doutorado em um negócio. As primeiras ferramentas surgiram com o aumento do número de páginas disponíveis, havendo a necessidade de apoio na organização dos dados. Os buscadores web iniciais eram rudimentares e limitados na capacidade de entregar resultados relevantes.

Criado no Massachusetts Institute of Technology, o Wanderer é considerado a primeira ferramenta de busca. Ele criava um grande índice de sites e permitia que os usuários buscassem nele, palavras. Era como uma lista telefônica digital, só que, em vez de números, continha endereços eletrônicos. Depois vieram outras como o WebCrawler e principalmente o Alta Vista[53].

O Alta Vista foi a primeira ferramenta de busca realmente de qualidade, trazendo bons resultados e se transformando num sucesso imediato, após o lançamento. Ela foi desenvolvida dentro da DEC (Digital Equipment Corporation), uma empresa de hardware decadente que buscava novas oportunidades. O Alta Vista tinha tudo para ter sido o que o Google é, porém uma série de decisões equivocadas, como falta de foco no desenvolvimento, incapacidade de gerar receitas adequadamente e uma sequência de trocas de controle acionário, culminaram no fechamento do produto em julho de 2013[54].

Quando o Google surgiu, a grande inovação estava relacionada à capacidade de trazer resultados relevantes. Essa diferenciação era resultado da abordagem desenvolvida por Page e Brin e traduzida no algoritmo chamado Page Rank. O produto inovador inicial foi o primeiro passo para tornar a empresa referência em inovação, mas outros tipos diferentes também são explorados pelo Google.

O Page Rank foi um grande acerto inicial, mas o que realmente tornou a empresa bem-sucedida foi o AdWords[55]. Através dessa plataforma de publicidade online, empresas de todos os portes passaram a anunciar de forma direcionada, econômica e gerenciada os seus produtos e serviços. O AdSense trouxe outro tipo de inovação baseada na captura de valor através de parceiros.

Outro tipo utilizado pelo Google é a chamada inovação de plataforma. Inúmeros produtos lançados trabalham na mesma plataforma, gerando audiência e criando um fluxo entre os diferentes produtos como Blogger, News, Picasa, Books, Youtube, etc...

As inovações de cadeia de fornecimento também fazem parte da estratégia com ações que envolvem a criação de um ecossistema que fornece ferramentas para permitir que empresas desenvolvam conteúdo e aplicações para a web e dispositivos móveis. As chamadas inovações de organização e de processos também fazem parte da estratégia. Toda a estrutura de servidores foi construída permitindo escalabilidade para facilmente crescer a baixo custo.

Todos os outros inovadores do Time dos Sonhos também utilizam diversos tipos de inovação. Jobs, por exemplo, trabalhava com design, plataforma, experiência do consumidor e presença. Os diferentes tipos de inovação abrem uma gama ampla de possibilidades de desenvolvimentos. Os muitos produtos são apenas a ponta do iceberg que movimenta a máquina de inovação da empresa.

Lição 6: Conectar os Pontos

> A maior invenção do mundo não é a minha tecnologia! É a morte, pois através dela, o velho sempre dará lugar para o novo[56].
>
> Steve Jobs

De acordo com a pesquisa realizada por Harvard, uma das principais características que distinguem uma pessoa criativa das demais é a habilidade de associação entre diferentes situações, problemas e ideias de campos, até mesmo não relacionados.[5] Essa busca por combinar experiências e visões de campos distintos colaborou bastante na capacidade de Jobs de inovar.

Na sua juventude, foi um garoto com um padrão de comportamento não convencional. Mesmo gostando de tecnologia, interessava-se por questões bastante ortodoxas, como o zen-budismo e dietas naturais radicais. Quando tinha 19 anos passou sete meses na Índia numa peregrinação em busca de seus líderes espirituais e de iluminação[58]. Aparentemente essas coisas pareciam irrelevantes para o inovador, mas contribuíram com sua capacidade de analisar os problemas e buscar soluções alternativas.

O mesmo estudo de Harvard citado acima aponta que quanto mais diversa for sua experiência e conhecimento, mais conexões seu cérebro consegue fazer. Novos insights geram novas associações e, consequentemente, novas ideias. O estudo confirmou o que Jobs já dizia: a criatividade está em conectar as coisas:

> "Quando você pergunta a uma pessoa criativa como eles fizeram alguma coisa, eles podem se sentir um pouco culpados, porque realmente não sabem o porquê, eles apenas viram algo. Parecia óbvio depois de algum tempo. Isso porque foram capazes de conectar experiências que tiveram e sintetizar coisas novas. E a razão pela qual eles foram capazes de fazer isso foi porque tiveram experiências maiores ou pensaram mais sobre suas experiências do que as outras pessoas. Infelizmente, isso é uma mercadoria muito rara. Muita gente no nosso setor não teve experiências muito diferentes. Eles não têm pontos suficientes para se conectar, e acabam com soluções muito lineares, sem uma ampla perspectiva sobre o problema. Quando as pessoas tiverem entendimentos mais amplos sobre a experiência humana, teremos projetos de melhor qualidade[59]".

Um semestre após iniciar a faculdade, Jobs desistiu das disciplinas obrigatórias e foi estudar assuntos que despertavam curiosidade. Uma das matérias em que se matriculou foi caligrafia, e ela trouxe inspiração para posteriormente incorporar no Macintosh fontes absolutamente diferentes do modelo tradicional. Sem essa experiência, provavelmente esse insight não teria acontecido. A busca por diferentes experiências fazia com que ele contratasse pessoas com perfis bastante distintos, como músicos, artistas e outras formações que não eram convencionais até então em empresas de tecnologia[60].

Outro exemplo do trabalho criativo de conexão dos pontos foi o uso do magnetismo pela Apple, utilizando uma tecnologia simples como a dos ímãs e inspirada nas panelas japonesas de cozinhar arroz, que já utilizavam adaptadores de energia magnéticos havia muitos anos, para impedir que a água fervente caísse, caso uma criança puxasse o cabo[61].

Steve Jobs também ficou conhecido por sua capacidade de incorporar tecnologias criadas por outras empresas em suas criações. Suas conexões "de pontos" iam além das paredes de suas empresas. Essa postura era considerada por muitos algo de caráter duvidoso, mas é fato que essa foi uma característica importante para o sucesso da Apple ao longo dos anos.

O caso da interface gráfica "inspirada" na tecnologia desenvolvida pela Xerox é um exemplo clássico de como Jobs fazia isso. Depois de visitar o Xerox Parc (Palo Alto Research Center) a história conta que a Apple decidiu utilizar a chamada GUI (graphical user interface) operada por um mouse. Essa tecnologia permitiu a inclusão de ícones e janelas[62].

O ensinamento de Jobs está em buscar novas experiências para ampliar a capacidade de conexão dos pontos, pois aqueles que conseguem perceber as situações de forma mais criativa são os que fazem essas ligações.

Lição 7: Formar Equipes de Alto Nível

> Não penso muito em legado para as próximas gerações. Penso apenas em acordar de manhã e trabalhar com pessoas brilhantes para criar coisas que, espero, sejam tão apreciadas por outras pessoas como são apreciadas por nós[63].
>
> Steve Jobs

A personalidade do líder Steve Jobs era bastante controversa. Ele era conhecido como uma pessoa extremamente dura e honesta quando expressava suas opiniões, mas com um temperamento comparável a uma montanha-russa. Era normal polarizar suas opiniões entre extremos, ou algo era maravilhoso ou era uma porcaria, sempre deixando claro, mesmo que de forma ríspida, em qual dos extremos encontrava-se a situação[64]. Esse lado duro moldou sua fama de líder sem papas na língua e acumulou desafetos ao longo de sua trajetória como executivo.

Por outro lado, essa grande capacidade de criticar, argumentar e negociar também tinha uma contribuição importante para manter as pessoas trabalhando em alto nível na Apple e na Pixar. Com ele não havia meias palavras nem trabalhos apenas medianos. Ele dizia que era seu papel criar uma cultura de alto desempenho na qual todos deveriam ser honestos uns com os outros, apenas aceitando o melhor em todas as situações.

> "Sempre considerei como parte das minhas funções manter muito alto o nível de qualidade das pessoas nas organizações em que trabalho. E isto considero uma das poucas coisas para as quais posso de fato contribuir individualmente — realmente tentar infundir na organização a meta de só ter profissionais nota 10. Em tudo que já fiz, realmente valeu a pena buscar as melhores pessoas do mundo[65]".

Essa busca pela perfeição começava na política de recrutamento e seleção na qual Jobs buscava contratar os mais inteligentes programadores, engenheiros e designers do mercado. Ele também se empenhava em retê-los por meio de opções de compra de ações e incentivos a pequenos grupos de trabalho.

Quando John Sculley foi contratado, era um dos executivos mais admirados pelo seu trabalho na Pepsi, pois havia conseguido modificar o *market share* de refrigerantes, até então dominado pela Coca-Cola. Quando decidiu lançar as lojas Apple, foi buscar Ron Johnson da Target, reconhecido por levar produtos com design para vender no varejo. Era, portanto, papel dele como líder garantir que essa política fosse seguida permanentemente. Só os melhores poderiam trabalhar para ele. Mesmo assim, algumas de suas apostas falharam nas funções, e quando isso ocorria, ele entrava em ação para corrigir o rumo:

> "É doloroso quando você tem algumas pessoas que não são as melhores do mundo e tem que se livrar delas; mas descobri que meu trabalho às vezes tem sido exatamente este — livrar-me de algumas pessoas que não chegaram à altura, e sempre tentei fazê-lo de forma digna. Mas seja como for, tem que ser feito, e nunca é divertido[66]".

A pressão gerava uma tensão positiva entre o medo de ser demitido e a possibilidade de deixar sua marca na empresa (ou no universo, como dizia Jobs). O modelo de liderança baseado em recompensa ao trabalho excelente e punição ao medíocre é o que o pesquisador de comportamento organizacional de Stanford, Roderick Kramer[67] chama de liderança intimidadora. Leander Kahney, no seu livro *A Cabeça de Steve Jobs* escreveu sobre esse tipo de liderança, quando Jobs ainda era vivo:

> "Muitas pessoas que trabalham para Jobs tendem a ficar esgotadas, mas, ao olhar para trás, adoram a experiência. Durante sua pesquisa, Kramer disse que ficou surpreso

> com o fato de que as pessoas que trabalhavam com os grandes intimidadores frequentemente achavam a experiência profundamente educativa, até transformadora. Jobs força as pessoas a trabalhar duro e distribui estresse fartamente, mas elas produzem um excelente trabalho[68]".

Para Bezos, montar uma equipe de excelência requer contratar as melhores pessoas possíveis. Nos primeiros anos da Amazon, o processo de recrutamento e seleção em algumas situações demandava uma série de pelo menos cinco entrevistas com o candidato, mais entrevistas com três referências, além de simulados práticos de situações de trabalho de programação. Na época, ele se inspirava em Bill Gates e na capacidade da Microsoft de atrair executivos de alto nível[69].

Nessas entrevistas, era comum ele fazer perguntas estimulando os candidatos a falar sobre seus feitos. Não importava se era um novo processo, produto, ou melhora da experiência do consumidor. Independentemente do tamanho, ele queria saber se eles iriam se adequar à cultura que estava sendo consolidada: encantar os clientes e tentar coisas novas.

O impacto das contratações iniciais em uma startup é muito grande no futuro do negócio, especialmente na cultura organizacional que está se formando. Contratar as pessoas erradas no começo pode impactar negativamente os valores desejados pelos empreendedores. Bezos dizia que se você contratasse tubarões não podia esperar que eles agissem como golfinhos[70]. O processo de recrutamento era fundamental e era preferível entrevistar 50 pessoas e não contratar ninguém do que contratar a pessoa com o perfil errado.

> "Estou procurando pessoas que queiram se dedicar. Estou à procura de gente que queira fazer o que importa. Um grupo de pessoas que queira uma vida significativa, que queira uma carreira significativa, e é isso que oferecemos a essas pessoas, porque somos uma empresa que dá voz e responsabilidade a todos por seus atos[71]".

Portanto, contratar pessoas excelentes com as atitudes alinhadas com a cultura da organização é uma atividade-chave para Bezos. A cultura da Amazon, centrada nas necessidades dos clientes, requer pessoas com esse mesmo espírito para que haja a manutenção desse valor. Ele também queria atrair pessoas com talentos diversos, muitas vezes sem relação direta com a função a ser exercida. A lógica por trás disso é que a diversidade de interesses forma uma equipe inovadora.

Outra filosofia na gestão de pessoas é estimular um ambiente de camaradagem e evitar um clima excessivamente competitivo na empresa. Bezos incentiva as pessoas a fazerem o melhor trabalho possível e a buscar as metas através de trabalho árduo e da colaboração. Além disso, ele acredita que um clima amistoso e divertido auxilia nas atividades diárias e também no desenvolvimento de inovação, outro pilar da cultura Amazon.

> "Quando se trabalha com afinco durante várias horas, é preciso estar cercado de pessoas interessantes e divertidas[72]".

Lição 8: Facilitar a Colaboração e o Trabalho em Equipe

> Em parte, o que fez o Macintosh ser grande foi que as pessoas que trabalharam nele eram músicos, poetas, artistas, zoólogos e historiadores que também eram os melhores cientistas da computação no mundo[73].
>
> Steve Jobs

Apesar do senso comum, acreditar que as inovações da Apple eram fruto do trabalho solitário de Steve Jobs, sendo ele responsável sozinho por todo o desenvolvimento, é, no mínimo, ingênuo. Na realidade, os grandes projetos foram fruto de um extenso trabalho em equipe, em que ele atuava direcionando o grupo com a sua visão desejada e, em alguns momentos, envolvendo-se até nos pequenos detalhes.

Os produtos e inovações foram desenvolvidos por várias pequenas equipes trabalhando de forma colaborativa. Jobs acreditava que isso era fundamental para conciliar criatividade e produtividade, além de permitir que os segredos mais importantes pudessem ficar restritos a poucas pessoas. O processo demandava várias reuniões e sessões de *brainstorm* criadas, baseadas nos direcionamentos de Jobs.

> "Inovações de sucesso demandam um time de pessoas comprometidas com uma visão. São como times nos esportes. Você está tentando escalar uma montanha e precisa levar muita coisa. Uma pessoa só não consegue fazer isso[74]".

O desenvolvimento do iPod foi resultado de um trabalho de equipe, com várias pequenas equipes colaborando com ideias. A premissa estabelecida por Jobs era transformar a experiência de ouvir e gerenciar músicas em uma biblioteca digital. A partir daí, ideias de funcionalidades e design, vindas de diferentes fontes, começaram a ser combinadas, sob a supervisão de Jonathan Ive e Steve Jobs. Muitas ideias vieram de outras empresas e foram incorporadas no produto, e outras como a *click wheel*, foram fornecidas por um executivo de propaganda e não por um designer[75].

Envolver diferentes áreas nos projetos é uma prática que caracteriza o processo de desenvolvimentos da Apple, envolvendo inúmeras equipes, além dos designers. Engenheiros, programadores e a equipe de marketing estão envolvidos, tudo para manter a ideia de integração entre software e hardware, algo que Jobs sempre defendeu. Há uma prática que se chama polinização cruzada, na qual os conceitos são passados para diferentes grupos e áreas para que sejam testados e validados exaustivamente. Tudo para garantir que as ideias tenham a qualidade e os diferenciais desejados por Jobs.

> "A inovação não tem nada a ver com a quantidade de dólares que você investe em pesquisa e desenvolvimento. Quando a Apple lançou o Mac, a IBM estava gastando no mínimo cem vezes mais em P&D. Não é uma questão de dinheiro. É a equipe que você tem, sua motivação e o quanto você entende da coisa[76]".

Jobs sempre defendeu que as discussões de ideias entre as pessoas e equipes eram fundamentais para o processo criativo. Nas reuniões, ele adorava combates intelectuais para chegar a fundo na solução dos problemas e análise das opções. Contratando os melhores profissionais que encontrava, ele garantia que o debate sempre fosse em alto nível. Como líder, ele se envolvia em muitas decisões importantes, mas também gostava de participar dos detalhes. Mesmo assim, ele tinha a convicção de que os melhores resultados viriam do espírito de equipe e colaboração:

> "A inovação vem das pessoas encontrando-se nos corredores, ou telefonando umas para as outras às 22:30h com uma nova ideia, ou porque perceberam algo que evidencia as falhas em nossa forma de pensar um problema. Vem de reuniões improvisadas de seis pessoas convocadas por alguém que descobriu algo novo e sensacional e quer saber o que os outros acham da sua ideia[77]".

Toda essa colaboração funcionava, pois as equipes eram guiadas pela liderança e pelo poder de persuasão de Jobs. Ele era famoso por seu campo de distorção da realidade, uma capacidade de convencer as pessoas a realizar coisas extraordinárias, algo que não conseguiriam sem o apoio dele[78]. Era como convencer pessoas a fazer coisas impossíveis tornando realidade os desafios mais difíceis. Essa liderança garantia a coesão e motivação das equipes, mesmo trabalhando durante longos períodos, até mesmo para os padrões do Vale do Silício. O ex-CEO da Apple, John Sculley, certa vez relatou esse poder de mobilização das equipes:

> "Steve fornecia uma inspiração fenomenal e altos padrões para fazer com que os membros de sua equipe fizessem algumas coisas. Ele os levava até seus limites, até um ponto em que eles mesmos se espantavam com o que haviam conseguido realizar. Possuía um sentido inato de saber exatamente como extrair o melhor das pessoas. Ele as bajulava, admitindo as suas próprias vulnerabilidades; ele as repreendia até que também elas adotassem sua ética intransigente; ele as acalentava com orgulho e elogios, como um pai que mostra sua aprovação[79]".

Sem dúvida, Jobs foi um dos grandes líderes empresariais dos últimos 50 anos. Um líder que incentivava a busca por novas ideias e trabalho em equipe. Motivados por ele, colaboradores da Apple e Pixar realizaram feitos extraordinários, feitos esses que muitos não seriam capaz de tornar realidade sem seu apoio.

Durante muito tempo, o senso comum acreditou no gênio solitário trabalhando para desenvolver uma grande inovação que iria mudar o mundo. De fato, no passado as atividades criativas foram desenvolvidas por artistas que trabalhavam basicamente seguindo seus dons individuais, não buscando segundas opiniões durante o processo de criação.

Com o passar dos anos e o amadurecimento das técnicas e ferramentas de gestão da inovação, observou-se que a inovação é um trabalho essencialmente de equipe. Nos estudos do professor americano Steven Johnson, ele identificou que as grandes ideias são fruto de trabalho em equipe e colaboração[80]. É da combinação de diferentes visões e da conexão de diferentes fragmentos vindos de pessoas distintas que se formatam as inovações realmente de impacto.

Se por um lado as inovações de maior impacto dependem de trabalhos em grupo, gerenciar equipes de projetos requer grande habilidade, e ao contrário do que possa parecer, podem se tornar ineficientes e improdutivos. Pensando nisso, Jeff Bezos criou a regra das duas pizzas na Amazon. Essa diretriz cria um balizador quanto ao tamanho da equipe de trabalho:

se não pode ser alimentada por 2 pizzas, ela é grande demais para discutir ideias. Na prática, isso significa que as equipes de inovação devem ser formadas por 5 a 7 pessoas para que se tenha o máximo de eficiência[81].

Alguns pontos reforçam a visão de Bezos e sua regra das duas pizzas. Em muitas empresas, reuniões de trabalho acabam virando sinônimo de improdutividade e consomem grande parte das horas disponíveis pelos colaboradores. Normalmente existe uma relação direta entre o número de participantes de uma reunião e a duração da mesma. Quanto maior o grupo, maior a duração da reunião, sem necessariamente traduzir melhores decisões. Por outro lado, um grupo muito pequeno pode carecer de massa crítica para geração, discussão e construção coletiva em cima das novas ideias geradas.

Reuniões com muitas pessoas são difíceis de ser administradas e acabam por gerar outro problema, na visão de Bezos: o "pensamento de grupo", algo considerado inadequado, quando falamos em buscar novas e diferentes alternativas para fazer inovações. Quando temos muitas pessoas discutindo alternativas, cria-se o chamado "pensamento de grupo", no qual os participantes deixam de defender suas ideias e tendem a se posicionar junto à ideia que está tendo a maior aceitação, tudo para se enquadrar ao *status quo* do momento. Quando se trabalha com grupos pequenos isso dificilmente acontece, já que as pessoas tendem a defender suas próprias ideias sem o constrangimento de discordar de um grande número de pessoas ou ser visto como "do contra".

Outros fatores fazem com que Bezos mantenha as equipes de trabalho pequenas. Ele acredita que grupos muito grandes, ao trabalharem juntos, tendem a buscar poucas ideias novas, focam nas ideias existentes, assim nem todos contribuem, sendo intimidados pelo grupo, com receio de críticas. A regra das duas pizzas fortalece a cultura da inovação idealizada por ele e mantém os colaboradores ativamente engajados em busca de novas soluções, também na transformação dessas novidades em realidade.

A mentalidade hacker é um dos valores mais fortes da cultura do Facebook. Nos anos iniciais, Zuckerberg e o time de programadores viravam noites programando para finalizar os desenvolvimentos. Era uma força-tarefa em que trocavam ideias e colaboravam em um mesmo projeto. Com o crescimento da empresa, essa prática ficava cada vez mais popular, tornando-se oficial, sendo conhecida com *hackathons*, ou seja, maratonas hacker de programação.

Esse tipo de iniciativa já era conhecida no Vale do Silício. No final da década de 1990, uma organização chamada OpenBSD reuniu 10 programadores para trabalhar em conjunto na solução de problemas do sistema operacional. Nesse mesmo ano, 1999, a Sun Microsystems reuniu diversos programadores com o desafio de desenvolver programas em Java para os aparelhos Palm[82].

Zuckerberg participava desses momentos de imersão de desenvolvimento no início da empresa e fez questão de que a prática fosse mantida e formalizada em 2007. Qualquer pessoa na empresa pode sugerir uma maratona de desenvolvimento, e elas acontecem pelo menos a cada seis semanas. Centenas de engenheiros se reúnem para passar a noite programando novos produtos e funcionalidades.

As *hackathons* são momentos de colaboração e mobilização, sendo aproveitados para criar coisas que não seriam feitas no dia a dia ou mesmo levariam muito tempo para serem desenvolvidas no processo tradicional. Preocupações normais que cercam o desenvolvimento de inovações na empresa são deixadas de lado, enquanto é incentivada a criação de pilotos que possam ser aprimorados ao final da maratona.

Alguns elementos básicos são importantes nas iniciativas do Facebook: colaboração, velocidade e inovação. Antes de cada evento, os participantes postam suas sugestões de desenvolvimento e já há a colaboração para aprimorar a ideia que será desenvolvida durante a maratona. Nessa etapa, ocorre também a busca por outras pessoas que ajudarão no projeto, recrutando aqueles que possuem competências complementares ou em áreas do autor, ou em que o time montado é deficiente. Muitos colaboradores utilizam esses momentos para ter contato com tecnologias que não lhes são familiares, ou mesmo testar e desenvolver suas habilidades em determinada área[83].

As *hackathons* se iniciam às 19:00h em uma sala do antigo prédio da empresa e só se encerram às 6:00h da manhã do dia seguinte. Os times são formados por pessoas de áreas diferentes que nunca se viram nem se falaram pessoalmente. Essa diversidade potencializa os resultados. Existe uma regra importante que deve ser seguida: você deve trabalhar em algo diferente dos projetos que são executados no seu dia a dia[84].

Hackathon é a conjunção das palavras "hack" (termo utilizado para descrever a atividade de programação exploratória, por diversão) e "marathon" (referindo-se à ideia de ser um evento longo e que testa a resistência de seus participantes). Na prática, são desafios de programação que envolvem a dedicação contínua dos participantes para o desenvolvimento de novas soluções ou resoluções de problemas. Para que as *hackathons* não sejam apenas um momento isolado e desconectado do processo de inovação da empresa, uma semana depois de cada evento, são realizados os chamados fóruns de protótipos. Nesses fóruns, cada grupo tem dois minutos para apresentar e convencer os pares da firma que seus projetos devem ser incorporados ao *roadmap* de desenvolvimentos da empresa.

Diversas funcionalidades foram idealizadas, e seus protótipos construídos nas *hackathons*. O botão curtir, a linha do tempo (*timeline*) e o chat são exemplos. Alguns dos projetos menores, como a indexação nos comentários, demoraram apenas duas semanas depois do fórum de protótipos para serem incorporados na ferramenta. Segundo o Facebook, a taxa de aproveitamento dos protótipos gerados é próxima a 60%[85].

A experiência com os eventos internos é tão positiva que a partir de 2010 são realizadas as Campus *Hackathons*. Estudantes universitários são desafiados a desenvolver novas funcionalidades e os finalistas são levados à sede do Facebook para defender seus projetos aos funcionários da empresa. O evento se internacionalizou, sendo realizado em diversos lugares do mundo. No Brasil, o primeiro realizado na América Latina, ocorreu em São Paulo, em maio de 2012[86]. A abordagem aberta e colaborativa das *hackathons* reflete o pensamento de Zuckerberg quanto à inovação no Facebook.

Lição 9: Fomentar uma Cultura Incomparável

> Penso que a frugalidade leva à inovação, assim como outras restrições também. A única maneira de sair de uma caixa apertada é inventar o seu jeito[87].
>
> Jeff Bezos

A concorrência não consegue copiar a cultura, esse é um dos mantras gerenciais de Bezos. Para ele, a cultura organizacional é um ativo importantíssimo para garantir liderança nos mercados em que atua, replicando o "jeito Amazon" de fazer negócios. Alguns elementos importantes dessa cultura única estão na obsessão pelos clientes, a frugalidade na operação e a constante busca por inovações de todas as naturezas.

Começando pela obsessão pela satisfação dos clientes, Bezos costumava colocar uma cadeira vazia nas reuniões internas e forçava os participantes a imaginar que ali estava um participante importante de todas as decisões que eram tomadas: os consumidores da Amazon[88]. Para ele, todas os colaboradores devem levar em consideração nas suas ações como elas impactam na experiência de consumo nas empresas do grupo.

Bezos gosta de dizer que a visão da Amazon é ser a empresa mais centrada no cliente do mundo[89]. O local em que os consumidores possam procurar e descobrir qualquer coisa que queiram comprar online. A obsessão pelos clientes guiou a Amazon a criar avisos para clientes que compravam itens como CDs já adquiridos anteriormente ou mesmo os serviços de entregas gratuitas, mesmo que isso sacrificasse momentaneamente as margens. A crença é que uma cultura focada no freguês gera resultados futuros sustentáveis e robustos.

Se para atender bem seus consumidores Bezos não mede esforços, quando o assunto são custos, a cultura Amazon é calcada na frugalidade e simplicidade. Os móveis dos escritórios e instalações da empresa são todos simples e sem extravagâncias. Ao contrário das sedes de outras empresas de tecnologia que criam ambientes refinados e estimuladores, na Amazon o que importa é manter os custos baixos para poder vender os produtos com o melhor preço.

Já no início da operação, as mesas eram portas adaptadas para essa função. Outras simbologias reforçam a cultura de baixo custo de operação. Quando o assunto são viagens, os executivos não viajam em classe executiva, apenas em classe econômica. Nos escritórios, as impressoras são basicamente preto e branco, já que impressões coloridas são vistas como desperdício[90].

Em 2001, pela primeira vez a Amazon conseguiu rastrear com precisão o custo de cada produto enviado ao cliente. Com o auxílio de um software, produtos menos rentáveis tiveram seus preços corrigidos ou foram descontinuados. Outras atividades que agregavam custos sem adicionar valor aos consumidores foram extintas ou passadas para os fornecedores. Nesse período, descobriu-se que eram necessários 15 minutos para embalar uma cadeira dobrável. Sabendo disso, a Amazon negociou com o fornecedor, que passou a enviá-la já embalada por apenas 25 centavos, bem menos do que custavam os 15 minutos dos colaboradores da Amazon[91].

Atender os consumidores da melhor forma e manter os custos baixos geram um novo elemento importante na cultura da Amazon: a busca por inovações constantes. Enquanto o primeiro elemento estimula desenvolver melhores funcionalidades e facilidades na experiência de compra, o segundo cria desafios de reduções de custos e otimizações na operação. A chave para o dilema de entregar mais, gastando sempre menos, está na inovação contínua e em todas as dimensões do negócio.

Bezos ensina que a cultura da maioria dos negócios é pensar em como suplantar os concorrentes, olhando para eles em vez de olhar para os consumidores. Para ele, a chave está em maximizar a experiência e minimizar o custo. Tudo isso só é possível em uma cultura que fomenta inovações vindas de uma equipe de alta performance.

O Google também acredita que a cultura é a chave para manter o negócio inovando. Uma das competências principais é atrair e reter engenheiros e demais colaboradores qualificados acima da média. Apesar da ideia original ser de Brin e Page, o crescimento da empresa passa pela manutenção de altos padrões de recrutamento e seleção, mantendo o "espírito Google" conforme a empresa cresce. O processo com várias etapas inclui testes e entrevistas com funcionários atuais. Também há uma valorização importante na indicação de profissionais pelos atuais googlers, já que todos conhecem o perfil de pessoas que se encaixam na cultura do negócio.

Uma das estratégias de atrair e reter os melhores profissionais está centrada na criação de um ambiente de trabalho divertido, repleto de benefícios e facilidades. A estrutura física do Googleplex tenta reproduzir o ambiente que Brin e Page vivenciavam na área universitária, nas repúblicas estudantis. Brin explicou o espírito dessa visão:

> "Em geral, somos muito flexíveis e adotamos uma postura casual, sem formalidades. Nossos funcionários podem ir e vir sem se preocupar com horários, desde que cumpram suas obrigações. O que chama a atenção no Google é que temos uma série de jogos e coisas divertidas ao redor do nosso escritório, como videogames, piscina, quadra de hóquei. Tudo isso ajuda na criatividade e na interação entre os funcionários[92]."

O Google tenta ser uma empresa diferente, onde as pessoas se sintam atraídas pelo ambiente de trabalho e possam se dedicar ao máximo a alcançar os objetivos da organização. Apesar de ter começado em um ambiente simples em Stanford e depois passar para uma garagem alugada de um amigo, o Google sempre buscou criar as melhores condições de trabalho para que seus colaboradores pudessem focar em suas tarefas e também deixar a criatividade aflorar. Criar uma atmosfera Googley era um dos desafios da dupla.

A cultura do Google privilegia estímulos intelectuais e privilégios aos colaboradores. Para Brin e Page, o símbolo do local de trabalho ideal está na comida de qualidade grátis. Parte da explicação de como a empresa cria esses espaços e facilidades está no fato de que ambos não tiveram experiências prévias significativas em outras corporações. Eles saíram diretamente como pesquisadores de Stanford e tentaram replicar o sonho do "nerd universitário" no Google, e a comida grátis, os serviços como massagens, academias e playgrounds conseguem atrair muitos talentos[93].

Além do ambiente estimulante, a chave para a vitalidade do negócio é a densidade humana. Pessoas próximas e interagindo trazem resultados excelentes, permitindo que elas conversem, troquem ideias e possam colaborar de forma orgânica e sem barreiras nos projetos.

> "Um espaço Googley deve refletir — e incentivar — nossos funcionários. Somos uma equipe diversificada, composta de indivíduos comprometidos, talentosos, inteligentes, cheios de ideias e trabalhadores. Nossos principais valores devem estar manifestos em nosso ambiente de trabalho[94]."

Todos os benefícios e investimentos no Googleplex e outros escritórios da empresa no mundo são revertidos em um ótimo ambiente de trabalho descontraído e que estimula a colaboração. Em um primeiro momento pode parecer que se trabalha pouco e se diverte muito na empresa, mas para Brin e Page a diversão está associada à produtividade, motivação e criatividade[95].

Lição 10: Colocar as Pessoas Certas para Fazer as Coisas Certas

Penso que um CEO faz basicamente duas coisas: definir a visão para a empresa e recrutar o time[96].

Mark Zuckerberg

Uma das grandes parcerias atualmente no Vale do Silício é a formada por Mark Zuckerberg e Sheryl Sandberg. Desde que ela foi recrutada do Google em 2008, assumindo o cargo de COO (Diretora de Operações), houve uma divisão de responsabilidades entre os dois. Ela passou a cuidar das vendas, marketing, recursos humanos e relações públicas, enquanto Zuckerberg passou a se dedicar a gerenciar o desenvolvimento dos produtos e inovações da empresa, além de ser o líder que estabelece a visão e estratégia. Os dois "mundos", inovação e excelência operacional, são comandados pelas pessoas certas que possuem competências complementares. Esse modelo do Facebook foi batizado de "O Visionário e o Executor[97]".

Com o crescimento do Facebook, Zuckerberg, com apenas 23 anos, teve que buscar uma pessoa que pudesse fazer melhor que ele algumas atividades importantes; ele acreditava que, "*se alguém é excepcional em sua função, não é apenas um pouco melhor do que alguém que é muito bom. Ele é cem vezes melhor*[98]". Sandberg na época era vice-presidente de vendas online globais e operações no Google, tendo a experiência necessária para transformar o negócio de publicidade do Facebook em algo realmente grande. Quando ela chegou à empresa, o faturamento com publicidade era em torno de 150 milhões de dólares anuais. Cinco anos depois, eles transformaram esse número para alguns bilhões e continua a crescer[99].

A dobradinha Zuckerberg-Sandberg se transformou em um novo modelo de gestão de empresas de tecnologia. Em vez de afastar o fundador da gestão do negócio assim que a empresa começa a crescer, colocando um gestor profissional como CEO, as empresas estão em busca de profissionais que possam complementar as competências do fundador, mantendo o mesmo focado em atividades estratégicas, nas quais possa contribuir efetivamente para o crescimento.

Cabe também falar sobre a organização interna e a gestão dos processos tecnológicos organizados por eles. Segundo a empresa, cada engenheiro é pessoalmente responsável por pelo menos um milhão de usuários, enquanto o Google precisa de 1 engenheiro para cada 80 mil usuários. Na prática, isso significa que o Facebook precisa de uma proporção muito menor de engenheiros, o que reflete um modelo diferente de operação. Os processos e a própria plataforma são muito eficientes, além de um time altamente qualificado.

> "Comecei escrever a primeira versão do Facebook eu mesmo, porque era algo que eu queria que existisse. Desde então, a maioria das ideias e códigos que surgem no Facebook vêm de ótimas pessoas que atraímos para nossa equipe[100]".

O próprio Zuckerberg busca conselhos com outras pessoas para se desenvolver como gestor. Steve Jobs era um dos seus principais mentores, pois acreditava que o jovem Mark Zuckerberg poderia repetir a trajetória que havia feito desde a criação da Apple. Outros conselheiros dele são Marc Andreessen (cofundador do Netscape e capitalista de risco), Don Graham (*Washington Post*), Reid Hoffman (LinkedIn), Jim Breyer (Accel Partners) e Peter Thiel (Paypal)[101].

Falando em Jobs, o primeiro parceiro importante de Jobs foi Steve Wozniak, um típico nerd especialista em computadores. Wozniak era um gênio do ponto de vista técnico, tanto do ponto de vista de hardware, quanto de software. Jobs gostava de tecnologia e via nos computadores um enorme potencial de mercado.

No início da Apple, Wozniak trabalhava para a HP e relutava em largar seu emprego para se dedicar inteiramente ao novo projeto de vender computadores pessoais. Jobs, por sua vez, viu a oportunidade de utilizar toda a competência técnica de Wozniak e vender os projetos dele como produtos. Além disso, foi ele quem teve a iniciativa de montar a Apple na garagem de sua casa e também foi dele o mérito de abrir os canais de venda para os novos produtos.

Ambos eram bem diferentes, com qualidades bastantes distintas, porém com algo em comum: a paixão pela tecnologia e os computadores. Sem Jobs provavelmente Wozniak teria feito carreira como engenheiro de empresas de tecnologia. Sem Wozniak, provavelmente Jobs não teria criado o computador pessoal como bem de consumo. A competência técnica se somou com a empreendedora e visionária, formando uma grande parceria, com cada um podendo utilizar o que de melhor sabia fazer.

Outras parcerias foram importantes na carreira de Jobs, especialmente a que ele formava com Jonathan Ive, um designer inglês que já trabalhava na Apple desde 1992. Era Ive que conseguia dar vida à visão de Jobs em relação a produtos. Foi ele que exerceu o papel de Wozniak no início da empresa. A parceria dos dois trouxe um elemento que Jobs considerava fundamental que houvesse nos produtos: o design industrial.

Apesar de Ive ter entrado na Apple em 1992, foi na volta de Jobs, em 1997, que ele realmente encontrou espaço para utilizar toda a sua criatividade. Os dois dividiam a visão de que simplicidade era o máximo da sofisticação e puderam trabalhar em produtos realmente diferenciados. A afinidade entre eles gerou produtos como o iMac, iPod, iPhone e iPad.

> "As ideias que ocorrem a mim e à minha equipe seriam totalmente irrelevantes se Steve não estivesse aqui para nos empurrar, trabalhar conosco e derrubar a resistência a transformar nossas ideias em produtos[102]."

Na Pixar, Jobs encontrou outro grande parceiro que complementaria suas habilidades: John Lasseter. Com ele, foi a combinação perfeita entre criatividade artística e conhecimento tecnológico. Quando Jobs investiu na divisão de informática da Lucas film, o fez pensando que o hardware e o software que eles possuíam eram bons negócios. Não demorou para ele notar que o valor do negócio estava na divisão de animação gráfica liderada por Lasseter[103].

Novamente essa parceria só funcionou pois havia competências complementares entre eles. Lasseter produzia animações criativas e encantadoras, mas foi Jobs que conseguiu transformar as criações em negócios. Quando a Pixar procurou a Disney para desenvolver um longa-metragem (*Toy Story*) em parceria, ela estava à beira da falência. Jobs já havia colocado mais de 50 milhões de dólares no negócio e aquela era a cartada final[104]. Sua grande habilidade em negociar contratos abriu espaço para levantar o orçamento necessário para a produção.

Ao relatar a forma da busca por competências complementares, Leander Kahney o definiu da seguinte maneira:

> "Jobs se concentra em suas áreas de expertise e delega todo o resto. Na Apple, intervém pessoalmente nas áreas que conhece bem: desenvolvimento de novos produtos, supervisão do marketing e discursos de abertura Na Pixar, Jobs era exatamente o oposto. Delegava o processo de criar filmes a seus capacitados assessores. Seu principal papel na Pixar era forjar acordos com Hollywood, uma competência em que é insuperável. Ele realizou grandes acordos com a Disney para distribuir os filmes da Pixar e persuadiu todas as cinco principais gravadoras a vender música por meio do iTunes[105]."

Mesmo pessoas extremamente talentosas como Jobs sabem que não são completas e buscam encontrar parceiros que complementem o mix ideal para fazer os negócios dar certo. Foi assim com ele, com Wozniak, Ive e

Lasseter. Todos possuíam diferenças importantes do ponto de vista de talentos e também de atitudes. Muitas vezes as diferenças são vistas como obstáculos, quando na realidade são atalhos que podem fazer a diferença entre o sucesso e o fracasso.

Lição 11: Mantenha o Motor da Inovação Permanentemente Ligado

> Minha visão é que não há momento ruim para inovar. Você deve inovar nos bons e maus momentos — e você deve fazer isso em coisas que o seu cliente valorize[106].
>
> Jeff Bezos

Uma empresa inovadora começa com uma liderança comprometida com o tema, incentivando que novas ideias surjam, vindas de todas as partes das organizações. É justamente isso que Bezos faz nas empresas Amazon. A filosofia que guia toda busca por inovações segue o ditado: de grão em grão a galinha enche o papo. Na prática isso significa que para Bezos a empresa não pode parar de desenvolver novas funcionalidades ou melhorar seus processos, como logística e operação. Várias pequenas mudanças acabam por criar uma barreira competitiva e garantem o cumprimento da visão de ser a empresa mais centrada no cliente do mundo.

A estratégia de constantes e pequenas inovações não é por acaso. Bezos acredita que o motor da inovação funcionando constantemente afasta novos entrantes dos seus mercados, já que os possíveis novos concorrentes não conseguem encontrar oportunidades suficientemente boas para poder desafiar o grande líder. Com isso, evita que as pessoas se acomodem e estejam permanentemente buscando novas ideias, mesmo que simples[107].

Outro fator que estimula esse modelo é que pequenas modificações contínuas nas operações e na experiência de consumo despertam menos atenção em outras empresas do setor, o que acaba tornando-as menos evidentes, dificultando, ou pelo menos atrasando, o desenvolvimento dos mesmos projetos pelos concorrentes. Uma pequena modificação na gestão dos estoques somada com outra na taxa de conversão dos consumidores causa um impacto positivo nos negócios. Se todas as pessoas e áreas da empresa estiverem fazendo a sua parte, isso se traduzirá em excelentes resultados ao longo do tempo.

"Você precisa de uma cultura organizacional que estimule pequenas ideias inovadoras e executivos sêniores que encorajem a busca por elas[108]."

Além das pequenas inovações do dia a dia, paralelamente Bezos trabalha para que as grandes apostas inovadoras sejam desenvolvidas. Foi assim no desenvolvimento do Kindle. Enquanto a Amazon trabalhava para melhorar a experiência de compra e entrega dos livros físicos tradicionais, o projeto do Kindle preparava a empresa para o mercado dos livros digitais. Dois projetos que podem parecer conflitantes, mas ambos conseguem traduzir a visão da empresa. Eles são complementares, já que um reforça o negócio atual e outro abre caminho para o negócio do futuro. Os motores das pequenas e grandes inovações funcionam em conjunto.

Toda empresa disposta a inovar de forma contínua precisa estar aberta a correr riscos e encarar o fracasso de alguma iniciativa como parte do processo. Sob esse aspecto é importante trabalhar com a lógica de portfólio e balancear projetos de diferentes graus de incerteza e risco. Na Amazon, isso se traduz numa relação 90/10, ou seja, 90% dos projetos são de pequenos ajustes incrementais de menor risco e 10% são as apostas que vão definir o futuro da empresa[109].

"Há muitas pequenas inovações que acontecem todos os dias. Esse tipo é super importante — coisas que fazem nossa operação mais eficiente e baixam nossos custos para podermos oferecer preços mais baixos aos consumidores. Mas isso é um espectro e do outro lado estão os grandes projetos de inovação como o Kindle, os serviços web (AWS) e o Amazon Prime. Nesse tipo de inovação, você coloca um nível de exigência muito alto. Você não consegue fazer muitos desses projetos ao mesmo tempo. Você precisa ser muito seletivo[110]."

O aprendizado com os fracassos e a gestão do conhecimento também fazem parte da filosofia de trabalhar a inovação como um processo contínuo. Todo a experiência acumulada nos projetos anteriores serve de insumo para tomada de decisão de novos desenvolvimentos incrementais.

Bezos encoraja as pessoas de todos os níveis a inovar nas atividades do dia a dia. Com isso, ele reforça a cultura da empresa de servir cada vez melhor os consumidores. São as necessidades dos usuários que estimulam a busca por formas alternativas de executar os processos e consequentemente inovar.

A inovação também é um dos mantras de todos os colaboradores do Google. Brin e Page conseguem inspirar e desafiar os googlers a buscar novas soluções permanentemente. Inspirados em programas similares que já existiam na época, especialmente a regra dos 15% da 3M, Page instituiu a regra dos 20%, na qual os engenheiros podem dedicar um dia por semana, ou equivalente, para trabalhar em projetos de sua escolha que possam trazer inovações para a empresa.

Eles têm liberdade para escolher projetos de seu interesse e até para organizar uma equipe de trabalho para desenvolver a ideia. Tudo isso visando incentivar as pessoas a correr riscos, dar liberdade para que trabalhem naquilo que gostam e permitir que se sintam desafiadas a inovar. Assim como o Post-It surgiu durante esse tipo de iniciativa na 3M, alguns produtos, como o Google Notícias, também foram criados durante os 20%[111].

Apesar de toda a liberdade fomentada pela regra dos 20%, há uma prática de gestão que foca nos resultados alcançados pelos colaboradores. O sistema chamado "Objetivos e Resultados-Chave" são inspirados na administração por objetivos no qual cada pessoa se compromete com metas importantes para cada semestre. Todos na empresa têm esse conjunto de objetivos, inclusive Page e Brin, e eles são compartilhados e comunicados para todos na empresa[112].

Toda sexta-feira, às quatro e meia da tarde, há uma reunião chamada de TGIF (Thanks God It's Friday). Inicialmente, esse hábito foi concebido para Brin e Page comunicarem aos colaboradores as novidades da empresa, apresentarem novos funcionários (chamados Nooglers) e atualizarem todos com o andamento do negócio. Há também um espaço para perguntas e respostas dos colaboradores internos para os fundadores. É após essas reuniões que a cerveja é liberada[113].

Os dois fundadores são vistos na empresa como peças importantes nos desenvolvimentos, pois ajudam com ideias e sobretudo direcionamento para os projetos. Além de avaliar e criticar os produtos criados, eles sabem qual é a hora de sair do caminho e deixar a equipe de engenharia trabalhar nos projetos. Funcionários reportam que no Google as coisas funcionam com pró-atividade:

> "Não peça permissão para ter uma ideia... Simplesmente vá e faça. E então, quando estiver além do ponto em que não há mais volta, você diz: Preciso de 200 milhões de dólares[114]."

Page e Brin tinham a convicção de que só construiriam uma empresa de sucesso e prosperariam se conseguissem atrair pessoas de alto nível, especialmente engenheiros, que fossem comprometidos e desafiados com a visão inovadora deles. No início, a política de recrutamento e seleção buscava pessoas que tivessem foco no usuário e o mesmo idealismo sonhador deles: "Só contratávamos pessoas como nós[115]" dizia Page. Tudo isso para garantir que o Google não parasse de inovar.

Em 1999, um dos primeiros funcionários do Google, Georges Harik, reportou uma entrevista com Larry Page: "Ele era o cara mais inteligente com quem conversei no Vale do Silício. Eu disse aos meus pais que tinha sido entrevistado para uma empresa de seis funcionários, uma empresa que em cinco ou seis anos seria a maior empresa da internet[116]". Contagiado pela conversa com Page, Harik largou seu emprego e foi trabalhar para o Google. Anos depois, ele foi um dos responsáveis por desenvolver o sistema que permitiu fazer publicidade segmentada por conteúdo em outros sites. Essa publicidade, e não somente o google.com, alavancou muito a expansão da marca. (Posteriormente a empresa adquiriu outra empresa, que havia desenvolvido o que hoje conhecemos como AdSense, mas que continuou a utilizar boa parte da tecnologia desenvolvida pela equipe de Harik.)

Lição 12: Senso de Urgência e Execução

Na faculdade, eu construía um monte de coisas diferentes. E essa é uma das minhas paixões. Construir coisas muito rapidamente[117].

Mark Zuckerberg

A "mentalidade hacker", termo que Zuckerberg utilizou na carta aos acionistas no lançamento das ações, é um mantra da forma como ele e as outras pessoas trabalham no Facebook. Mover-se rápido e "quebrar" coisas resume a prática de trabalho desejada e tem sido fundamental para o sucesso da empresa.

Segundo ele, a primeira versão do Facebook foi construída em apenas 2 semanas e foi sendo aprimorada conforme o número de usuários aumentava. A abordagem de desenvolvimento de produtos foi baseada na construção de versões iniciais rápidas para serem testadas e aprimoradas com os usuários. Eric Ries, no livro *Lean Startup*[118], cunhou o termo Produto Mínimo Viável (PMV), que descreve bem a filosofia adotada por Zuckerberg. O PMV é uma versão desenvolvida rapidamente para ser validada com os futuros usuários e para que sejam testadas as hipóteses mais incertas sobre a novidade.

Na sede do Facebook, um cartaz incentiva ser rápido e sobretudo agir. Nele está escrito: "Feito é melhor que perfeito". Na maioria das vezes, as ideias não são a parte mais difícil do processo de inovação. Mobilizar as pessoas e recursos para que elas se transformem efetivamente em algo concreto, uma inovação, é o grande desafio para muitas empresas.

> "Nós sempre podemos inovar mais, fazer mais coisas... Sou uma pessoa impaciente. Quero nos ver lançando todas as coisas muito rapidamente, e isso é uma grande coisa para nossa empresa[119]."

Para Vijay Govindarajan e Chris Trimble[120], o desafio da inovação está na execução. Apesar da parte mais "*cool*" do processo ser a da geração das ideias e a criatividade, a dificuldade encontra-se na parte relacionada à transformação das ideias em resultados para o negócio. De forma geral, as empresas têm dado muita atenção para as fases iniciais do processo de inovação, inclusive descrevendo diferentes etapas e critérios, mas deixam a execução restrita a um padrão de atividades que nem sempre são adequadas, seja pela equipe envolvida, ou mesmo pelas ferramentas de gestão utilizadas.

Dependendo da natureza do projeto, diferentes abordagens devem ser utilizadas na execução. Para eles, existem projetos de inovação de três tipos: Pequenos, Repetitivos e Customizados.

Na prática, os Pequenos referem-se a melhorias e ajustes que os próprios idealizadores conseguem colocar em prática no seu tempo livre, ou durante a execução das atividades de rotina. São projetos de baixa complexidade cuja execução deve ser simplificada ao máximo, já que não possuem grandes níveis de incerteza, risco e envolvimento.

Os projetos chamados de Repetitivos são evoluções nas práticas e produtos atuais, mas que requerem um conjunto sequenciado de passos para que sejam executados. Tomando o exemplo da Apple de Jobs, evoluções do iPhone como as versões 3, 4, 4S, 5, 5S e outras demandam um conjunto conhecido de ações para incorporar novas funcionalidades e características ao produto. Nesse tipo de projeto, é desejável utilizar metodologias do tipo *stage gates*, validando os conceitos e desenvolvimentos já realizados.

Finalmente, os projetos do tipo Customizados são aqueles de características mais radicais. Eles envolvem grande incerteza tecnológica, resultando em uma abordagem diferente, muito mais exploratória e de aprendizado. Ferramentas específicas permitirão que, quando vencida essa etapa inicial, possa-se trabalhar com uma lógica mais parecida com os projetos Repetitivos.

Lição 13: Atenção aos Detalhes

> Se você é um carpinteiro e está fazendo um belo armário de gavetas, você não vai usar um pedaço de compensado na parte de trás, só porque as pessoas não o enxergarão, pois ele estará virado para a parede. Você sabe que está lá e, então, usará um pedaço de madeira bonito ali. Para você dormir bem à noite, a qualidade deve ser levada até o fim[121].
>
> Steve Jobs

Quando era CEO da Apple, John Sculley foi à casa de Steve Jobs para conversar. O que mais lhe chamou a atenção foi que havia apenas poucos móveis e eletrodomésticos nela. Jobs era tão detalhista e exigente que não conseguia encontrar móveis bons que o satisfizessem[122]. Esse mesmo cuidado que ele tinha em escolher a mobília de sua casa, ele aplicava no desenvolvimento dos produtos e serviços da Apple e Pixar.

Para ele, um pequeno detalhe fazia toda a diferença. Quando estava desenvolvendo o primeiro Macintosh, na década de 1980, ele obrigou os engenheiros a retirarem a ventoinha que resfriava a máquina, por acreditar que o barulho não condizia com a qualidade do equipamento (anos depois foi obrigado a voltar atrás e incluí-la no projeto em função de problemas de aquecimento)[123]. Para a maioria das pessoas, o barulho não seria percebido, mas para ele não era aceitável.

Essa atenção aos detalhes e busca por perfeição nos produtos e experiências às vezes atrasavam seus desenvolvimentos, porém ele preferia atrasá-los em vez de entregá-los ao mercado sem o padrão Jobs. Foi assim no desenvolvimento de muitos filmes na Pixar e nos produtos da Apple. Ele também não tinha o menor receio de abortar projetos em que sua equipe trabalhou durante anos se não estivessem no caminho certo. Essa dificuldade em fazer concessões assegurava que os produtos da Apple nunca fossem ao mercado antes de refinados a um ponto que o satisfazia.

A simplicidade e o design guiavam a busca pela forma e função perfeitas. Nada podia passar se não estivesse de acordo com a visão de excelência. Cordell Ratzlaff, um designer que trabalhou com Jobs no projeto do novo sistema operacional para o Macintosh relatou a obsessão pelo detalhes:

> "Ele os comparava pixel por pixel para ver se combinavam. Descia aos menores detalhes. Esquadrinhou tudo, chegando até o nível dos pixels. Se não combinassem, algum engenheiro iria levar uma bela bronca[124]."

Outro exemplo do mesmo projeto foi quando Jobs obrigou a equipe a desenvolver novas barras de rolagem até que conseguissem atender o que ele esperava. Esse ajuste demandou seis meses de tentativas até satisfazê-lo. O mesmo aconteceu quando participou da criação das Apple Store. Pequenos detalhes na iluminação, móveis, localização dos produtos e cores foram levados em consideração.

Jobs era minucioso e perfeccionista, criando uma cultura de excelência com todos com quem trabalhava. A abordagem estimulava a fazer versões rápidas para que se pudesse validar os conceitos, ou mesmo descartá-los. Tentativa e erro o mais rápido possível, para estar perfeito, durante o lançamento.

Lição 14: Comunicar a Inovação

> As pessoas não sabem o que querem, até mostrarmos a elas[125].
>
> Steve Jobs

Há um vídeo no YouTube do lançamento oficial do iPhone na MacWorld de 2007. Nesse dia, Steve Jobs conduziu a apresentação do novo aparelho e iniciou o evento com a seguinte mensagem: "De vez em quando aparece um produto revolucionário que muda tudo... hoje a Apple vai reinventar o telefone[126]."

Durante mais de uma hora, o então CEO apresentou todas as novas funcionalidades e os benefícios do aparelho. Além de destacar as características do produto, também ressaltou suas vantagens perante os concorrentes da época. Steve Jobs era um dos melhores evangelizadores que tivemos nos últimos tempos. Além de grande executivo, era também um grande comunicador.

David Yoffie, professor da Harvard Business School, estimou que a repercussão dos rumores sobre o iPhone, somados às matérias posteriores ao lançamento, equivaleram a 400 milhões de dólares em publicidade gratuita[127]. Tudo isso era orquestrado por Jobs nos mínimos detalhes. Ele sabia que a adoção de uma nova tecnologia ou produto podia ser acelerada se tivesse a correta exposição ao mercado consumidor.

Muitos executivos reclamam que o mercado não entende as inovações desenvolvidas por suas empresas, e por isso não as compra. Também não são raras as empresas cujos portfólios têm diversos produtos e serviços pouco conhecidos pelo mercado.

É fato que nem sempre as novidades são bem percebidas pelos consumidores (vide os casos da TV com videocassete embutido, refrigerante de cereja...), mas muitas vezes o problema está na fase final do processo de inovação: como comunicar a novidade adequadamente.

Segundo os professores Colby e Parasuraman,[128] inicialmente surge o desafio de convencer os pioneiros sobre proposta de valor e novos atributos desenvolvidos. A famosa curva de adoção a novas tecnologias aponta que é preciso rapidamente atingir quem busca os sentimentos de status e acredita que as novidades podem tornar a vida mais fácil. Guy Kawasaki foi contratado para ser o evangelizador da Apple nos anos 1980 e divulgar a utilização e tecnologias inovadoras desenvolvidas pela empresa.

Depois busca-se atender os que têm desconforto e insegurança com as novidades. Não basta que o produto ou o serviço funcione corretamente, é preciso criar a segurança que ele cumpra aquilo a que se propõe. Outro passo importante é ensinar o mercado a usar a inovação, já que muitas vezes ela muda significativamente a forma como as coisas são feitas. Jobs era considerado o melhor apresentador de produtos do mundo, pois ao final de suas palavras, sabia-se o que havia de novidade, e sobretudo, boa parte dos presentes saía entusiasmada com seu discurso.

Normalmente em suas apresentações, ele escolhia um vilão para mostrar aos presentes que suas inovações eram os mocinhos. No iPhone foram os smartphones com teclados fixos, no lançamento do iPad, o papel ficou por conta dos netbooks. Em cima das fragilidades dos concorrentes, ele apresentava seus diferenciais.

Citando outro exemplo de sua grande capacidade de comunicar as inovações desenvolvidas, em 2010, ao anunciar a chegada do iPad, ele destacou que não bastava apenas admirar a novidade, precisava-se tocá-lo, pois era mágico e revolucionário: "Tenho que dizer... vê-lo não é nada comparado a pegar um nas mãos e sentir tudo isso, bem debaixo de seus dedos[129]." Não basta ser inovador, é preciso parecer inovador.

Capítulo 6

A PALAVRA DO INOVADOR

STEVE JOBS

Steve Jobs participou de várias entrevistas e discursos que poderiam ser utilizados nesta seção. Um dos mais marcantes e conhecidos é o que ele fez quando foi convidado em 1995 para ser paraninfo da turma de formandos de Stanford[1]. Em pouco menos de 15 minutos, ele fala da vida, do trabalho e inclusive da morte. Com certeza, um dos melhores e inspiradores discursos de formatura já feitos. Abaixo, um trecho editado deste famoso discurso.

É PRECISO ENCONTRAR O QUE VOCÊ AMA

Quando eu tinha 17 anos, li uma frase que era algo assim: "Se você viver cada dia como se fosse o último, um dia ele realmente será o último." Aquilo me impressionou e, desde então, nos últimos 33 anos, eu olho para mim mesmo no espelho toda manhã e pergunto: "Se hoje fosse o meu último dia, eu gostaria de fazer o que farei hoje?" E se a resposta é "não" por muitos dias seguidos, sei que preciso mudar alguma coisa.

Lembrar que estarei morto em breve é a ferramenta mais importante que já encontrei para me ajudar a tomar grandes decisões. Porque quase tudo — expectativas externas, orgulho, medo de passar vergonha ou falhar — caem diante da morte, deixando apenas o que é realmente importante. Não há razão para não seguir o seu coração.

Lembrar que você vai morrer é a melhor maneira que eu conheço para evitar a armadilha de pensar que você tem algo a perder. Você já está nu. Não há razão para não seguir seu coração.

Há um ano, eu fui diagnosticado com câncer. Eram 7:30h da manhã e eu tinha uma imagem que mostrava claramente um tumor no pâncreas. Eu nem sabia o que era pâncreas.

Os médicos me disseram que aquilo era certamente um tipo de câncer incurável, e que eu não deveria esperar viver mais de três a seis semanas. Meu médico me aconselhou a ir para casa e arrumar minhas coisas — que é o código dos médicos para "preparar para morrer". Significa tentar dizer aos seus filhos em alguns meses tudo aquilo que você pensou ter os próximos 10 anos para dizer. Significa dizer seu adeus.

Eu vivi com aquele diagnóstico o dia inteiro. Depois, à tarde, eu fiz uma biópsia, em que eles enfiaram um endoscópio pela minha garganta abaixo, através do meu estômago e pelos intestinos. Colocaram uma agulha no meu pâncreas e tiraram algumas células do tumor. Eu estava sedado, mas minha mulher, que estava lá, contou que quando os médicos viram as células em um microscópio, começaram a chorar. Era uma forma muito rara de câncer pancreático, que podia ser curada com cirurgia. Eu fui operado e estou bem.

Isso foi o mais perto que eu estive de encarar a morte, e espero que seja o mais perto que vou ficar pelas próximas décadas. Tendo passado por isso, posso agora dizer a vocês, com um pouco mais de certeza do que quando a morte era um conceito apenas abstrato: ninguém quer morrer. Até mesmo as pessoas que querem ir para o céu, não querem morrer para chegar lá.

Ainda assim, a morte é o destino que todos nós compartilhamos. Ninguém nunca conseguiu escapar. E assim é como deve ser, porque a morte é muito provavelmente a principal invenção da vida. É o agente de mudança da vida. Ela limpa o velho para abrir caminho para o novo. Nesse momento, o novo é você. Mas algum dia, não muito distante, você gradualmente se tornará um velho e será varrido. Desculpem-me por ser tão dramático, mas essa é a verdade.

O seu tempo é limitado, então, não o gaste vivendo a vida de um outro alguém.

Não fique preso pelos dogmas, que é viver com os resultados da vida de outras pessoas.

Não deixe que o barulho da opinião dos outros cale a sua própria voz interior.

E o mais importante: tenha coragem de seguir o seu coração e a sua intuição. Eles de alguma maneira já sabem o que você realmente quer se tornar. Todo o resto é secundário.

Quando eu era pequeno, uma das bíblias da minha geração era o Whole Earth Catalog. Foi criado por um sujeito chamado Stewart Brand em Menlo Park, não muito longe daqui. Ele o trouxe à vida com seu toque poético. Isso foi no final dos anos 1960, antes dos computadores e dos programas de paginação. Então, tudo era feito com máquinas de escrever, tesouras e câmeras Polaroid.

Era como o Google em forma de livro, 35 anos antes de o Google aparecer. Era idealista e cheio de boas ferramentas e noções. Stewart e sua equipe publicaram várias edições do Whole Earth Catalog e, quando ele já tinha cumprido sua missão, eles lançaram uma edição final. Isso foi em meados da década de 1970, e eu tinha a idade de vocês.

Na contracapa havia uma fotografia de uma estrada de interior ensolarada, daquele tipo onde você poderia se achar pedindo carona, se fosse aventureiro. Abaixo, estavam as palavras:

> "Continue com fome, continue bobo."
>
> Foi a mensagem de despedida deles. Continue com fome. Continue bobo. E eu sempre desejei isso para mim mesmo. E agora, quando vocês se formam e começam de novo, eu desejo isso para vocês. Continuem com fome. Continuem bobos.

STEVE JOBS 12 de Junho de 1995.

O Discurso Original está presente em: http://news.stanford.edu/news/2005/june15/jobs-061505.html.

Fonte da Tradução: http://macmagazine.com.br/2008/12/12/transcricao-completa-do-maravilhoso-discurso-de-steve-jobs-na-universidade-de-stanford-em-2005/

JEFF BEZOS

O discurso de Jeff Bezos aos formandos da Universidade de Princeton, em 30 de maio de 2010[2], traz uma importante mensagem: somos nossas próprias escolhas. Abaixo, um trecho extraído desse discurso.

> ## SOMOS O QUE ESCOLHEMOS SER!
>
> Eu tive a ideia de começar a Amazon há 16 anos. Me deparei com o fato de que o uso da internet crescia 2.300% ao ano. Eu nunca tinha visto ou ouvido falar de qualquer coisa crescesse tão rápido, e a ideia de construir uma livraria online, com milhões de títulos — algo que simplesmente não poderia existir no mundo físico — foi muito emocionante para mim. Eu tinha acabado de fazer 30 anos e estava casado

disse à minha esposa Mackenzie que eu queria sair do meu emprego e fazer essa coisa louca que provavelmente não iria funcionar, pois a maioria das startups não dão certo, e eu não tinha certeza do que iria acontecer depois disso.

Mackenzie, também ex-aluna de Princeton e aqui sentada na segunda fileira, me disse que eu deveria ir em frente. Quando menino, eu fui um inventor de garagem. Eu sempre quis ser um inventor e ela queria que eu seguisse a minha paixão.

Eu estava trabalhando em uma empresa financeira em Nova York com um grupo de pessoas muito inteligentes, e tinha um chefe brilhante que eu admirava muito. Fui para o meu chefe e disse a ele que queria começar uma empresa de venda de livros na Internet. Ele me levou para uma longa caminhada no Central Park, me ouviu atentamente e finalmente disse: "Isso soa como uma boa ideia, mas seria uma ideia ainda melhor para alguém que já não tem um bom trabalho."

Essa lógica fez algum sentido para mim, e ele me convenceu a pensar sobre isso por 48 horas antes de tomar uma decisão final. Visto sob esse aspecto, era realmente uma escolha difícil, mas no final, eu decidi que deveria tentar. Não acho que eu iria me arrepender de ter tentando e falhado. E suspeito que eu seria sempre assombrado pela decisão de não ter tentado. Depois de muita reflexão, peguei o caminho menos seguro para seguir minha paixão, e estou orgulhoso dessa escolha.

Amanhã, em um sentido muito real, sua vida — a vida da qual você é o autor a partir do zero — começa a ser escrita.

Como vocês irão usar os seus dons? Quais escolhas vocês irão fazer?

Será que a inércia será seu guia, ou vocês seguirão suas paixões?

Vocês vão seguir os dogmas, ou serão originais?

Vocês vão escolher uma vida de facilidade ou uma vida de trabalho e aventura?

Vocês murcharão sob críticas ou seguirão suas convicções?

Será que vocês irão se iludir quando estiverem errados, ou irão se desculpar?

Vocês desistirão quando forem rejeitados, ou vão agir quando se apaixonarem?

Vão viver pelo seguro ou serão um pouco aventureiros?

Quando for difícil, vocês desistirão, ou serão incansáveis?

Vocês vão ser uns cínicos, ou serão construtores?

Você serão uns "espertos" se aproveitando dos outros, ou serão gentis?

Vou arriscar uma previsão. Quando vocês estiverem com 80 anos, e em um momento tranquilo de reflexão, narrando apenas para vocês mesmos as suas histórias de vida, a parte mais significativa será a série de escolhas que vocês fizeram. No final, nós somos as nossas escolhas. Construam uma grande história. Obrigado e boa sorte!

JEFF BEZOS 30 de maio de 2010.

O discurso original está presente em: www.princeton.edu/main/news/archive/S27/52/51O99.

SERGEY BRIN & LARRY PAGE

Quando Page e Brin escreveram a primeira carta aos acionistas em 2004, eles trouxeram para o mercado financeiro um jeito diferente de apresentar os negócios e de se comunicar com os investidores.

A partir de então, todos os anos eles escrevem uma mensagem direta aos investidores e acionistas. Além da filosofia Google, as cartas começaram a trazer a maneira como os dois pensam em relação ao futuro e à gestão do Google. Abaixo está quase na íntegra o chamado *Manual do Proprietário para Acionistas do Google*[3], escrito para introduzir o prospecto de investimento na empresa. Essa carta resume a filosofia de negócios criada pelos fundadores. Abaixo, um trecho extraído do documento.

MANUAL DO PROPRIETÁRIO PARA ACIONISTAS DO GOOGLE: FOCO NO LONGO PRAZO

Como empresa privada, temos nos concentrado no longo prazo, e isso tem funcionado bem. Como empresa pública, faremos o mesmo. Em nossa opinião, pressões externas muitas vezes seduzem as empresas a sacrificar oportunidades de longo prazo para atender às expectativas de resultados trimestrais do mercado. Às vezes, essa pressão faz com que as empresas manipulem os resultados financeiros a fim de "fazer o seu trimestre". Nas palavras de Warren Buffett, "não vamos maquiar os resultados trimestrais ou anuais: se os resultados forem fracos para nós, eles vão ser fracos para vocês também."

Se surgirem oportunidades que podem nos levar a sacrificar resultados a curto prazo, mas que sejam interessantes no longo prazo para nossos acionistas, vamos apostar nessas oportunidades. Teremos a coragem de fazer isso. Gostaríamos de solicitar que nossos acionistas tenham visão de longo prazo.

Você pode se perguntar quanto tempo é longo prazo? Normalmente esperamos que os projetos tenham algum benefício percebido, ou progresso, dentro de um ou dois anos. Mas estamos tentando olhar para a frente tanto quanto pudermos. Apesar da mudança rápida dos negócios e da paisagem tecnológica, tentamos olhar para cenários de 3 a 5 anos, a fim de decidir o que fazer agora. Tentamos otimizar o benefício total sobre esses cenários anuais. Enquanto somos fortes defensores desta estratégia, é difícil fazer boas previsões de muitos anos em tecnologia.

Muitas empresas são pressionadas a manter seus resultados alinhados com as previsões dos analistas. Por isso, muitas vezes elas aceitam ganhos menores e previsíveis, em vez de retornos maiores e menos previsíveis. Sergey e eu pensamos que isso é prejudicial, e nossa intenção é fazer o oposto.

O Google tem verba suficiente para financiar o nosso negócio e gerou verba adicional através de nossas operações. Isso nos dá a flexibilidade de gerenciar os custos, nos beneficiar de oportunidades e otimizar nossos ganhos a longo prazo. Por exemplo, em nosso sistema de anúncios, temos feito muitas melhorias que afetam a receita em ambas as direções. Estas melhorias são em áreas como relevância e satisfação do usuário final, satisfação dos anunciantes e necessidades dos parceiros.

Nós lançamos as melhorias imediatamente ao invés de atrasá-las, apesar de esses atrasos poderem dar "mais previsibilidade" nos resultados financeiros. Você tem nosso compromisso de executar rapidamente para atingir o valor de longo prazo, em vez de fazer os resultados trimestrais mais previsíveis.

Nosso foco de longo prazo tem riscos. Os mercados podem ter problemas para avaliar o valor de longo prazo, portanto, reduzindo o valor de nossa empresa. Nosso foco de longo prazo pode ser a estratégia de negócio errado. Os concorrentes podem ser recompensados por táticas de curto prazo e crescer mais rápido. Como potenciais investidores, você deve considerar os riscos em torno do nosso foco de longo prazo.

Vamos tomar decisões de negócios pensando no bem-estar a longo prazo da nossa empresa e tendo acionistas em mente, e não nos baseando em pressupostos contábeis.

Embora possamos discutir as tendências de longo prazo do nosso negócio, não pretendemos fazer previsões de ganhos da forma tradicional. Não somos capazes de prever o nosso negócio dentro de um período curto como o trimestre. Reconhecemos que o nosso dever é defender os interesses de nossos acionistas, e acreditamos que a criação artificial, números-alvo de curto prazo serve mal aos nossos acionistas. Nós preferimos não ser convidados a fazer tais previsões e, se convidados, vamos respeitosamente declinar. A equipe de gestão distraída por uma série de metas de curto prazo é tão inútil como uma pessoa em dieta se pesar a cada meia hora.

RISCO E RECOMPENSA VERSUS LONGO PRAZO

Nosso ambiente de negócios muda rapidamente e necessita de investimento de longo prazo. Não hesitaremos em fazer grandes apostas em novas e promissoras oportunidades.

Não nos assustaremos com projetos de alto risco e altos retornos, por causa da pressão de ganhos de curto prazo. Algumas de nossas últimas apostas foram extraordinariamente bem-sucedidas, outras não. Reconhecemos a busca de projetos desse tipo como a chave para o nosso sucesso a longo prazo e vamos continuar a procurá-los. Por exemplo, financiaríamos projetos que têm 10% de chance de dar certo de ganhar um bilhão de dólares no longo prazo.

Não se surpreenda se fizermos algumas apostas em áreas que parecem muito especulativas, ou mesmo estranhas, quando comparadas aos nossos negócios atuais. Embora não seja possível quantificar o nível de risco que iremos assumir, conforme a relação de recompensa e risco aumenta, vamos aceitar projetos mais fora de nossos negócios atuais, especialmente quando o investimento inicial é pequeno em relação ao nível de investimentos em nossos negócios atuais.

Encorajamos nossos colaboradores, além de seus projetos regulares, a gastar 20% do seu tempo trabalhando no que eles acham que mais vai beneficiar o Google. Isso permite que eles sejam mais criativos e inovadores. Muitos dos nossos avanços significativos aconteceram desta maneira. Por exemplo, o AdSense para conteúdo e o Google News foram prototipados nos "20% do tempo". Os projetos fracassados mais arriscados muitas vezes nos ensinam algo. Outros de sucesso se tornam negócios atrativos.

À medida que procuramos maximizar o valor a longo prazo, podemos ter volatilidade de trimestre para trimestre, obtendo perdas em alguns novos projetos e ganhos em outros. Gostaríamos muito de quantificar melhor o nosso nível de risco e recompensa, mas isso é muito difícil. Mesmo que estejamos empolgados com os projetos de risco, esperamos dedicar a grande maioria dos nossos recursos para melhorias em nossos negócios principais (atualmente busca e publicidade). A maioria dos funcionários gravita em torno de melhorias incrementais em áreas relacionadas ao negócio principal, portanto isso tende a acontecer naturalmente.

LARRY PAGE E SERGEY BRIN

agosto de 2004.

O discurso original está presente em: https://investor.google.com/corporate/2004/ipo-founders-letter.html (tradução realizada pelo autor)

MARK ZUCKERBERG

Mark Zuckerberg seguiu a tradição criada por Jeff Bezos e depois reeditada por Sergey Brin e Larry Page de escrever uma carta aos potenciais futuros acionistas. Em suas palavras, ele revela seu estilo de gestão, apresenta os princípios e valores do Facebook, além de indicar prioridades de futuros investimentos. Algumas lições como mover-se rápido, concentrar-se no importante e investir no social estão presentes no documento[4]. Abaixo, um trecho extraído do documento.

CARTA AOS ACIONISTAS DO FACEBOOK

O Facebook não foi originalmente criado para ser uma empresa. Foi construído para realizar uma missão social — para tornar o mundo mais aberto e conectado.

Achamos que é importante que todos os que investem no Facebook entendam o que esta missão significa para nós, como tomamos decisões e por que fazemos as coisas que fazemos.

Vou tentar descrever a nossa abordagem nesta carta.

No Facebook, somos inspirados por tecnologias que revolucionaram a forma como as pessoas espalham e consomem informações. Costumamos falar sobre invenções, como a imprensa e a televisão — que simplesmente tornando a comunicação mais voz às pessoas. Elas encorajaram o progresso. Elas mudaram a forma como a sociedade foi organizada. Elas nos aproximaram.

Hoje, nossa sociedade chegou a outro ponto de inflexão. Vivemos num momento em que a maioria das pessoas no mundo tem acesso à internet ou a telefones celulares — as ferramentas necessárias para que as pessoas comecem a compartilhar com quem elas quiserem o que estão pensando, sentindo e fazendo.

O Facebook aspira a desenvolver serviços que dão às pessoas o poder de compartilhar e ajudá-las mais uma vez a transformar muitas de nossas principais instituições e indústrias. Há uma enorme necessidade e uma grande oportunidade para que todos no mundo estejam conectados, para dar a todos uma voz e ajudar a transformar a sociedade do futuro.

A escala da tecnologia e infraestrutura que deve ser construída não tem precedentes, e acreditamos que este é o problema mais importante em que podemos focar.

Esperamos fortalecer a forma como as pessoas se relacionam entre si.

Mesmo que a nossa missão pareça ser grande, ela começa pequena — com duas pessoas se relacionando. As relações pessoais são a unidade fundamental da nossa sociedade. Relacionamentos são, como nós descobrimos, novas ideias, compreendemos nosso mundo e, finalmente, obtemos a felicidade a longo prazo.

No Facebook, estamos construindo ferramentas para ajudar as pessoas a se conectarem com quem elas quiserem e compartilhar o que desejarem; fazendo isso, estamos ampliando a capacidade dos seres humanos de construir e manter relacionamentos.

Pessoas compartilhando mais — mesmo que apenas com seus amigos ou familiares — criam uma cultura mais aberta e levam a uma melhor compreensão da vida e perspectivas dos outros. Nós acreditamos que isso cria um número maior de relações entre os seres, e que os ajuda a ficarem expostos a um número maior de perspectivas diversas. Ao ajudar as pessoas a formar essas conexões, esperamos potencializar a forma como espalham e consumem informações.

Pensamos que a infraestrutura da informação do mundo deve ser semelhante às relações sociais — uma rede construída de baixo para cima, ou peer-to-peer, ao invés do monolítico, uma estrutura top-down, que tem existido até hoje. Também acreditamos que dar às pessoas o controle sobre o que elas compartilham é um princípio fundamental desta religação.

Nós já ajudamos mais de 800 milhões de pessoas a mapear mais de 100 bilhões de conexões até o momento, e nosso objetivo é ajudá-las a acelerar esta aproximação. Esperamos melhorar a forma como se conectam com as empresas e com a economia.

Pensamos que um mundo mais aberto e conectado pode ajudar a criar uma economia mais forte com as empresas, construindo melhores produtos e serviços. Como as pessoas compartilham mais, elas têm acesso a mais opiniões de pessoas de confiança sobre os produtos e serviços que utilizam. Isto torna mais fácil descobrir os melhores produtos e melhorar a qualidade e a eficiência de suas vidas.

Um resultado que torne mais fácil o encontro dos melhores produtos irá recompensar aquelas empresas que desenvolveram os melhores produtos — aqueles que são personalizados e projetados em torno de pessoas.

Nós descobrimos que os produtos que são "social design" tendem a ser mais atraentes do que os seus homólogos tradicionais, e estamos ansiosos para ver mais neste sentido. Nossa plataforma de desenvolvimento já permitiu a centenas de milhares de empresas a construção de alta qualidade e mais produtos sociais. Vimos novas abordagens disruptivas em indústrias, como jogos, música e notícias, e esperamos ver agitação semelhante em mais indústrias com novas abordagens de design social.

Além de construir melhores produtos, um mundo mais aberto também vai incentivar as empresas a se envolver com seus clientes diretamente e autenticamente. Mais de 4 milhões de empresas têm páginas no Facebook, que usam para ter um diálogo com seus clientes. Esperamos que esta tendência cresça também.

Esperamos mudar a forma como as pessoas se relacionam com seus governos e instituições sociais. Acreditamos que a construção de ferramentas para ajudar as pessoas a compartilhar pode trazer um diálogo mais honesto e transparente em torno do governo que poderia levar à capacitação mais direta de pessoas, mais responsabilidade para os funcionários e melhores soluções para alguns dos maiores problemas do nosso tempo.

Ao dar às pessoas o poder de compartilhar, estamos começando a vê-las fazer suas vozes serem ouvidas em uma escala diferente do que tem sido historicamente possível. Essas vozes vão aumentar em número e volume. Elas não podem ser ignoradas.

Com o tempo, esperamos que os governos se tornem mais sensíveis às questões e preocupações levantadas diretamente por todos os seus cidadãos, em vez de poucos intermediários. Através deste processo, acreditamos que líderes irão surgir em todos os países que são pró-internet e lutarão pelos direitos de seu povo, incluindo o direito de compartilhar o que desejam e o direito de acessar todas as informações, bem como compartilhá-las com quem quiserem.

Finalmente, quanto mais a economia se move em direção a produtos de maior qualidade que são personalizados, também esperamos ver o surgimento de novos serviços, que são sociais, desenvolvidos para resolver os grandes problemas mundiais que enfrentamos, como a criação de empregos, educação e saúde.

Estamos ansiosos para fazer o que pudermos para ajudar nesse progresso.

MARK ZUCKERBERG	01 de fevereiro de 2012. O discurso original está presente em: http://www.sec.gov/Archives/edgar/data/1326801000119312512034517/d287954ds1.htm
Fonte da Tradução:	http://g1.globo.com/tecnologia/noticia/2012/02/queremos-tornar-o-mundo-mais-aberto-e-conectado-diz-zuckerberg.html

Capítulo 7

PARA SABER MAIS

Steve Jobs

Livros

Gallo, C. *A Arte de Steve Jobs: princípios revolucionários sobre inovação para o sucesso em qualquer atividade*. Lua de Papel, 2010.

Gallo, C. *Faça como Steve Jobs: e realize apresentações incríveis em qualquer situação*. Lua de Papel, 2010.

Isaacson, W. *Steve Jobs: a biografia*. Companhia das Letras, 2011.

Kahney, L. *A Cabeça de Steve Jobs*. Agir, 2008.

Moritz, M. *O Fascinante Império de Steve Jobs*. Universo dos Livros, 2010.

Scherer, F.O.; Carlomagno, M.S. *Gestão da Inovação na Prática: como aplicar conceitos e ferramentas para alavancar a inovação*. Atlas, 2009.

Weyhrich, S. *Sophistication & Simplicity: the life and times of the Apple II computer*. Variant Press, 2013.

Vídeos

Genius: How Steve Jobs Changed the World – Discovery Channel, 2011.

Jobs. Joshua Michael Stern, 2013.

Piratas do Vale do Silício, TNT, 1999.

Steve Jobs: One Last Thing, PBS, 2011.

Triumph of the Nerds, PBS, 1996.

Jeff Bezos

Livros

Brandt, R.L. *Nos Bastidores da Amazon: o jeito Jeff Bezos de revolucionar mercados com apenas um clique*. Saraiva, 2011.

Spector, R. *Amazon.com: como crescer da noite para o dia*. Campus, 2000.

Stone, B. *The Every Thing Store: Jeff Bezos and the age of Amazon*. Little Brown and Company, 2013.

Vídeos

Jeff Bezos After the gold rush, theres innovation ahead, TED, 2003.

Jeff Bezos on the next web innovation, TED, 2007.

Sergey Brin & Larry Page

Livros

Brandt, R.L. *The Google Guys: inside the brilliant minds of Google founders*. Portfolio Trade, 2011.

Levy, S. *Google: a biografia*. São Paulo: Universo dos Livros, 2012.

Lowe, J. *Google: lições de Sergey Brin e Larry Page, os criadores da empresa mais inovadora de todos os tempos*. São Paulo: Elsevier, 2009.

Vise, D.A.; Malseed, M. *Google: a história do negócio de mídia e tecnologia de maior sucesso dos nossos tempos*. Rocco, 2007.

Vídeos

Bloomberg Game Changers: Sergey Brin e Larry Page, Bloomberg, 2012.

Sergey Brin e Larry Page: the genesis of Google, TED, 2004.

Tradition of innovation: Larry Page e Sergey Brin, Stanford University, 2011.

Mark Zuckerberg

Livros

Beahm, G. *Billionaire Boy: Mark Zuckerberg in his own words.* Hardie Grant Books, 2013.

Kirkpatrick, D. O *Efeito Facebook: os bastidores da história da empresa que conecta o mundo.* Intrínseca, 2011.

Walter, E. O *Jeito Zuckerberg de Fazer Negócios: como o CEO mais improvável do mundo construiu o Facebook.* Saraiva, 2013.

Vídeos

An *interview with Mark Zuckerberg.* Time, 2010.

A *Rede Social.* Columbia Pictures, 2010.

Mark Zuckerberg & Facebook. 60 minutes, 2010.

BIBLIOGRAFIA

PREFÁCIO

1. Scherer, F.O.; Carlomagno, M.S. *Gestão da Inovação na Prática: como aplicar conceitos e ferramentas para alavancar a inovação*. Atlas, 2009.
2. Carlomagno, M.S.; Scherer, F.O. *Práticas dos Inovadores: tudo que você precisa saber para começar a inovar*. Atlas, 2013.
3. Poissant, C.A.; Godefroy, C. *Meu Primeiro Milhão: a história dos dez homens mais ricos do mundo e os segredos de seu sucesso*. Ediouro, 1997.

CAPÍTULO 1: O Time dos Sonhos

1. *Naismith Memorial Basketball Hall of Fame*. Disponível em: http://www.hoophall.com/hall-of-famers-index/. Acessado em 8 de janeiro de 2014.
2. *Think Different*. Disponível em: http://pt.wikipedia.org/wiki/Think_different. Acessado em 8 de janeiro de 2014.

CAPÍTULO 2: Os Inovadores

Steve Jobs

1. Cohen, D. *Por que a Apple se tornou a empresa mais valiosa do mundo*. Revista Época Negócios. 11 de agosto de 2011.
2. Isaacson, W. *Steve Jobs: a biografia*. Companhia das Letras, 2011.
3. ibid.
4. Moritz, M. *O Fascinante Império de Steve Jobs*. Universo dos Livros, 2010.
5. Isaacson, W. *Steve Jobs: a biografia*. Companhia das Letras, 2011.

Jeff Bezos

6. Brandt, R.L. *Nos Bastidores da Amazon: o jeito Jeff Bezos de revolucionar mercados com apenas um clique*. Saraiva, 2011.

Sergey Brin & Larry Page

7. Vise, D.A.; Malseed, M. *Google: a história do negócio de mídia e tecnologia de maior sucesso dos nossos tempos*. Rocco, 2007.
8. *Google: 100 bilhões de buscas por mês*. Disponível em: http://veja.abril.com.br/noticia/vida-digital/google-100-bilhoes-de-buscas-por-mes. Acessado em: 08 de janeiro de 2014.
9. Girard, B. *The Google Way: how one company is revolutionizing management as we know it*. No Starch Press, 2009.

Mark Zuckerberg

10. Kirkpatrick, D. *O Efeito Facebook: os bastidores da história da empresa que conecta o mundo*. Intrínseca, 2011.
11. Mcgirth, E. *How Chris Hughes Helped Launch Facebook and the Barack Obama Campaign*. Fast Company, abril de 2009.

CAPÍTULO 3: Antecedentes

Steve Jobs

1. Smith, A. *Dad waits for Jobs to iPhone*. New York Post, 27 de agosto de 2011.
2. Isaacson, W. *Steve Jobs: a biografia*. Companhia das Letras, 2011.
3. ibid.
4. ibid.
5. ibid.

6. Moritz, M. *O Fascinante Império de Steve Jobs*. Universo dos Livros, 2010.
7. Gallo, C. *A Arte de Steve Jobs: princípios revolucionários sobre inovação para o sucesso em qualquer atividade*. Lua de Papel, 2010.
8. Moritz, M. *O Fascinante Império de Steve Jobs*. Universo dos Livros, 2010.
9. Isaacson, W. *Steve Jobs: a biografia*. Companhia das Letras, 2011.
10. Moritz, M. *O Fascinante Império de Steve Jobs*. Universo dos Livros, 2010.
11. Isaacson, W. *Steve Jobs: a biografia*. Companhia das Letras, 2011.

Jeff Bezos

12. Brandt, R.L. *Nos Bastidores da Amazon: o jeito Jeff Bezos de revolucionar mercados com apenas um clique*. Saraiva, 2011.
13. ibid.
14. ibid.
15. ibid.
16. ibid.
17. ibid.
18. ibid.
19. ibid.
20. ibid.
21. Stone, B. *The Every Thing Store: Jeff Bezos and the age of Amazon*. Little Brown and Company, 2013.
22. Brandt, R.L. *Nos Bastidores da Amazon: o jeito Jeff Bezos de revolucionar mercados com apenas um clique*. Saraiva, 2011.

Sergey Brin & Larry Page

23. Levy, S. *Google: a biografia.* Universo dos Livros, 2012.
24. Vise, D.A.; Malseed, M. *Google: a história do negócio de mídia e tecnologia de maior sucesso dos nossos tempos.* Rocco, 2007.
25. ibid.
26. Brandt, R.L. *The Google Guys: inside the brilliant minds of Google founders.* Portfolio Trade, 2011.
27. ibid.
28. *Google founders talk Montessori.* Disponível em: http://www.youtube.com/watch?v=0C_DQxpX-Kw Acessado em: 8 de janeiro de 2014.
29. ibid.
30. Brandt, R.L. *The Google Guys: inside the brilliant minds of Google founders.* Portfolio Trade, 2011.
31. ibid.
32. Levy, S. *Google: a biografia.* Universo dos Livros, 2012.
33. Larry Page and Serguey Brin biography. Disponível em: http://www.notablebiographies.com/news/Ow-Sh/Page-Larry-and-Brin-Sergey.html. Acessado em: 8 de janeiro de 2014.
34. Levy, S. *Google: a biografia.* Universo dos Livros, 2012.

Mark Zuckerberg

35. Walter, E. *O Jeito Zuckerberg de Fazer Negócios: como o CEO mais improvável do mundo construiu o Facebook.* Saraiva, 2013.
36. Shaer, M. *The Zuckerbergs of Dobbs Ferry.* New York Magazine, maio de 2012.
37. Kirkpatrick, D. *O Efeito Facebook: os bastidores da história da empresa que conecta o mundo.* Intrínseca, 2011.
38. ibid.
39. ibid.

40. ibid.

CAPÍTULO 4: Inovações e Conquistas

Steve Jobs

1. Moritz, M. *O Fascinante Império de Steve Jobs.* Universo dos Livros, 2010.
2. Kahney, L. *A Cabeça de Steve Jobs. As lições do líder da empresa mais revolucionária do mundo.* Agir, 2009.
3. Weyhrich, S. *Sophistication & Simplicity: the life and times of the Apple II computer.* Variant Press, 2013.
4. Kahney, L. *A Cabeça de Steve Jobs. As lições do líder da empresa mais revolucionária do mundo.* Agir, 2009.
5. ibid.
6. Isaacson, W. *Steve Jobs: a biografia.* Companhia das Letras, 2011.
7. Moritz, M. *O Fascinante Império de Steve Jobs.* Universo dos Livros, 2010.
8. Isaacson, W. *Steve Jobs: a biografia.* Companhia das Letras, 2011.
9. ibid.
10. ibid.
11. ibid.
12. Kahney, L. *A Cabeça de Steve Jobs. As lições do líder da empresa mais revolucionária do mundo.* Agir, 2009.
13. ibid.
14. ibid.
15. Isaacson, W. *Steve Jobs: a biografia.* Companhia das Letras, 2011.
16. Kahney, L. *A Cabeça de Steve Jobs. As lições do líder da empresa mais revolucionária do mundo.* Agir, 2009.

17. *iTunes Store Sets New Record with 25 Billion Songs Sold.* Apple Press Info. Disponível em: http://www.apple.com/pr/library/2013/02/06iTunes-Store-Sets-New-Record-with-25-Billion-Songs-Sold.html. Acessado em: 08 de janeiro de 2014.

18. Isaacson, W. *Steve Jobs: a biografia.* Companhia das Letras, 2011.

19. *With 8.7% market share, Apple has 75% of cell phone profits.* Fortune. Disponível em: http://tech.fortune.cnn.com/2012/02/03/with-8-7-market-share-apple-has-75-of-cell-phone-profits/ Acessado em: 8 de janeiro de 2014.

20. Isaacson, W. *Steve Jobs: a biografia.* Companhia das Letras, 2011.

21. ibid.

22. ibid.

23. *Apple Sells One Million iPads.* Disponível em: http://www.apple.com/pr/library/2010/05/03Apple-Sells-One-Million-iPads.html. Acessado em: 8 de janeiro de 2014.

24. Gallo, C. *A Arte de Steve Jobs: princípios revolucionários sobre inovação para o sucesso em qualquer atividade.* Lua de Papel, 2010.

25. *National Medal of Technology recipientes.* Disponível em: http://en.wikipedia.org/wiki/Category:National_Medal_of_Technology_recipients. Acessado em: 8 de janeiro de 2014.

26. *Steve Jobs: CEO of the Decade.* Fortune Magazine. Disponível em: http://money.cnn.com/magazines/fortune/steve_jobs/2009/Acessado em: 8 de janeiro de 2014.

Jeff Bezos

27. Brandt, R.L. *Nos Bastidores da Amazon: o jeito Jeff Bezos de revolucionar mercados com apenas um clique.* Saraiva, 2011.

28. ibid.

29. Stone, B. *The Every Thing Store: Jeff Bezos and the age of Amazon.* Little Brown and Company, 2013.

30. ibid.
31. Spiro, J. *The Great Leaders Series: Jeff Bezos, Founder of Amazon.com*. Inc Magazine, outubro de 2009.
32. Stone, B. *The Every Thing Store: Jeff Bezos and the age of Amazon*. Little Brown and Company, 2013.
33. Brandt, R.L. *Nos Bastidores da Amazon: o jeito Jeff Bezos de revolucionar mercados com apenas um clique*. Saraiva, 2011.
34. ibid.
35. ibid.
36. ibid.
37. ibid.
38. ibid.
39. Levy, S. *Jeff Bezos Owns the Web in More Ways Than You Think*. Wired Magazine, novembro, 2013.
40. Brandt, R.L. *Nos Bastidores da Amazon: o jeito Jeff Bezos de revolucionar mercados com apenas um clique*. Saraiva, 2011.
41. ibid.
42. Stone, B. *The Every Thing Store: Jeff Bezos and the age of Amazon*. Little Brown and Company, 2013.
43. Bosman, J. *E-Book Sales a Boon to Publishers in 2012*. New York Times, maio de 2013.
44. Distinguin, S. *Amazon.com: the hidden empire*, faberNovel, maio de 2011.
45. Stone, B. *Why Jeff Bezos Bought the Washington Post*. Business Week, agosto de 2013.
46. *Bezos, J.* Disponível em: http://en.wikipedia.org/wiki/Jeff_Bezos. Acessado em 8 de janeiro de 2014.

Sergey Brin & Larry Page

47. Vise, D.A.; Malseed, M. *Google: a história do negócio de mídia e tecnologia de maior sucesso dos nossos tempos.* Rocco, 2007.

48. ibid.

49. ibid.

50. Levy, S. *Google: a biografia.* Universo dos Livros, 2012.

51. ibid.

52. ibid.

53. ibid.

54. ibid.

55. ibid.

56. ibid.

57. ibid.

58. Vise, D.A.; Malseed, M. *Google: a história do negócio de mídia e tecnologia de maior sucesso dos nossos tempos.* Rocco, 2007.

59. Levy, S. *Google: a biografia.* Universo dos Livros, 2012.

60. ibid.

61. ibid.

62. ibid.

63. ibid.

64. Abel, J.C. *Google's 'Don't Be Evil' Mantra Is 'Bullshit', Adobe Is Lazy: Apple's Steve Jobs.* Wired Magazine. Disponível em: http://www.wired.com/business/2010/01/googles-dont-be-evil-mantra-is-bullshit-adobe-is-lazy-apples-steve-jobs/ Acessado em: 08 de janeiro de 2014.

65. *Google X*. Disponível em: http://en.wikipedia.org/wiki/Google_X Acessado em: 8 de janeiro de 2014.

66. ibid.

Mark Zuckerberg

67. Kirkpatrick, D. *O Efeito Facebook: os bastidores da história da empresa que conecta o mundo.* Intrínseca, 2011.

68. ibid.

69. ibid.

70. ibid.

71. ibid.

72. ibid.

73. Number of active users at Facebook over the years. Disponível em: http://finance.yahoo.com/news/number-active-users-facebook-over-years-214600186--finance.html. Acessado em: 8 de janeiro de 2014.

74. Kirkpatrick, D. *O Efeito Facebook: os bastidores da história da empresa que conecta o mundo.* Intrínseca, 2011.

75. ibid.

76. *Number of active users at Facebook over the years.* Disponível em:http://finance.yahoo.com/news/number-active-users-facebook-over-years-214600186--finance.html. Acessado em: 8 de janeiro de 2014.

77. Walter, E. *O Jeito Zuckerberg de Fazer Negócios: como o CEO mais improvável do mundo construiu o Facebook.* Saraiva, 2013.

78. Grossman, L. Mark Zuckerberg. *Time Magazine*, dezembro de 2010.

79. *Number of active users at Facebook over the years.* Disponível em: http://finance.yahoo.com/news/number-active-users-facebook-over-years-214600186--finance.html. Acessado em: 8 de janeiro de 2014.

80. Kirkpatrick, D. *O Efeito Facebook: os bastidores da história da empresa que conecta o mundo.* Intrínseca, 2011.

81. *Number of active users at Facebook over the years.* Disponível em: http://finance.yahoo.com/news/number-

active-users-facebook-over-years-214600186--finance.html. Acessado em: 8 de janeiro de 2014.

82. Kirkpatrick, D. *O Efeito Facebook: os bastidores da história da empresa que conecta o mundo.* Intrínseca, 2011.
83. *Number of active users at Facebook over the years.* Disponível em: http://finance.yahoo.com/news/number-active-users-facebook-over-years-214600186--finance.html. Acessado em: 8 de janeiro de 2014.
84. Dias, T.M. *Facebook ultrapassa audiência do Google.* Disponível em: http://blogs.estadao.com.br/link/facebook-ultrapassa-audiencia-do-google/ Acessado em: 8 de janeiro de 2014.
85. Mark Zuckerberg. Página pessoal no Facebook.
86. Geron, T. *Facebook Prices Third-Largest IPO Ever, Valued At $104 Billion.* Forbes.com, maio de 2012.
87. Zuckerberg, M. Página pessoal no Facebook.
88. *Number of active users at Facebook over the years.* Disponível em: http://finance.yahoo.com/news/number-active-users-facebook-over-years-214600186--finance.html. Acessado em: 8 de janeiro de 2014.
89. Grossman, L. Mark Zuckerberg. *Time Magazine*, dezembro de 2010.
90. Mark Zuckerberg. *Forbes.com.* Disponível em: http://www.forbes.com/profile/mark-zuckerberg/ Acessado em: 8 de janeiro de 2014.

CAPÍTULO 5: Lições dos Inovadores

Lição 1: O Sonho Na Frente Do Dinheiro

1. *The Wall Street Journal*, maio de 1993.
2. Isaacson, W. *Steve Jobs: a biografia.* Companhia das Letras, 2011.

3. Steve Jobs. *Forbes Magazine*. Disponível em: http://www.forbes.com/profile/steve-jobs/ Acessado em: 8 de janeiro de 2014.
4. Deutschman, A. *Inside the mind of Jeff Bezos*. Fast Company. Março de 2004. Disponível em: http://www.fastcompany.com/50106/inside-mind-jeff-bezos. Acessado em: 8 de janeiro de 2014.
5. Bezos, J. *Carta aos acionistas da Amazon*, 1997.
6. *Bezos on Innovation*. Disponível em: www.businessweek.com/stories/2008-04-16/bezos-on-innovation. Acessado em 8 de janeiro de 2014.
7. Brandt, R.L. *Nos Bastidores da Amazon: o jeito Jeff Bezos de revolucionar mercados com apenas um clique*. Saraiva, 2011.
8. Levy, S. *Google: a biografia*. Universo dos Livros, 2012.
9. ibid.
10. *Google X*. Disponível em: http://en.wikipedia.org/wiki/Google_X. Acessado em: 8 de janeiro de 2014.
11. *Google, Project 10 to the 100*. Disponível em: http://www.google.com/campaigns/project10tothe100/ Acessado em: 8 de janeiro de 2014.

Lição 2: Criar um Modelo de Negócios Único

12. *Q&A with Amazon's Jeff Bezos*. Business Week, 1999. Disponível em: http://www.businessweek.com/1999/99_22/b3631011.htm. Acessado em 8 de janeiro de 2014.
13. Distinguin, S. *Amazon.com: the hidden empire*, faberNovel, Maio de 2011.
14. Brandt, R.L. *Nos Bastidores da Amazon: o jeito Jeff Bezos de revolucionar mercados com apenas um clique*. Saraiva, 2011.
15. Kirkpatrick, D. *O Efeito Facebook: os bastidores da história da empresa que conecta o mundo*. Intrínseca, 2011.
16. ibid.

17. ibid.

18. ibid.

19. ibid.

20. ibid.

21. ibid.

22. ibid.

23. *Number of active users at Facebook over the years.* Disponível em: http://finance.yahoo.com/news/number-active-users-facebook-over-years-214600186--finance.html. Acessado em: 8 de janeiro de 2014.

Lição 3: Não Ter Medo de Correr Riscos

24. Beahm, G. *Billionaire Boy: Mark Zuckerberg in his own words.* Hardie Grant Books, 2013.

25. Zuckerberg, M. *Carta aos Acionistas.* 2012.

26. ibid.

27. Zuckerberg, M. *Our Commitment to the Facebook Community.* Disponível em: https://www.facebook.com/notes/facebook/our-commitment-to-the-facebook-community/10150378701937131 Acessado em: 8 de janeiro de 2014.

28. Spector, R. *Amazon.com: como crescer da noite para o dia.* Campus, 2000.

29. ibid.

30. Brandt, R.L. *Nos Bastidores da Amazon: o jeito Jeff Bezos de revolucionar mercados com apenas um clique.* Saraiva, 2011.

31. Bezos, J. *Carta aos acionistas da Amazon*, 1997.

32. Lashinsky, A. *Amazon's Jeff Bezos: the ultimate disrupter.* Fortune Magazine, Novembro de 2012.

33. Isaacson, W. *Steve Jobs: a biografia.* Companhia das Letras, 2011.

34. Discurso formatura Stanford, junho de 2005. Disponível em: http://news.stanford.edu/news/2005/june15/jobs-061505.html. Acessado em: 8 de janeiro de 2014.

35. Disponível em: http://www.businessinsider.com/instant-mba-passion-and-perseverance-are-what-separates-successful-entrepreneurs-from-failures. Acessado em: 8 de janeiro de 2014.

36. Vise, D.A.; Malseed, M. *Google: a história do negócio de mídia e tecnologia de maior sucesso dos nossos tempos.* Rocco, 2007.

37. Levy, S. *Google: a biografia.* Universo dos Livros, 2012.

38. Girard, B. *The Google Way: how one company is revolutionizing management as we know it.* No Starch Press, 2009.

39. Vise, D.A.; Malseed, M. *Google: a história do negócio de mídia e tecnologia de maior sucesso dos nossos tempos.* Rocco, 2007

40. Brandt, R.L. *The Google Guys: inside the brilliant minds of Google founders.* Portfolio Trade, 2011.

41. ibid.

Lição 4: A Cabeça nas Nuvens e os Pés no Chão

42. Brin, S. *Google Receives $25 Million in Equity Funding.* Disponível em: http://googlepress.blogspot.com.br/1999/06/google-receives-25-million-in-equity.html. Acessado em: 8 de janeiro de 2014.

43. Brandt, R.L. *The Google Guys: inside the brilliant minds of Google founders.* Portfolio Trade, 2011.

44. ibid.

45. Levy, S. *Google: a biografia.* Universo dos Livros, 2012.

46. ibid.

47. Steve Jobs planejava iPad há 30 anos, revela gravação. *Computerworld.* Disponível em: http://computerworld.uol.com.br/tecnologia/2012/10/03/steve-jobs-planejava-ipad-

ha-30-anos-revela-gravacao/ Acessado em: 8 de janeiro de 2014.

48. Kahney, L. A Cabeça de Steve Jobs. *As lições do líder da empresa mais revolucionária do mundo.* Agir, 2009.

49. Evento de lançamento do iPhone, janeiro de 2007.

50. Walter, E. *O Jeito Zuckerberg de Fazer Negócios: como o CEO mais improvável do mundo construiu o Facebook.* Saraiva, 2013.

51. Zuckerberg, M. *Carta aos Acionistas.* 2012.

Lição 5: A Inovação Não Precisa Ser Somente nos Produtos

52. Levy, S. *Google: a biografia.* Universo dos Livros, 2012.

53. ibid.

54. Vise, D.A.; Malseed, M. *Google: a história do negócio de mídia e tecnologia de maior sucesso dos nossos tempos.* Rocco, 2007.

55. ibid.

Lição 6: Conectar os Pontos

56. *Discurso formatura Stanford, junho de 2005.* Disponível em: http://news.stanford.edu/news/2005/june15/jobs-061505.html acessado em: 8 de janeiro de 2014.

57. Gregersen, H.; Dyer, J.; Christensen, C.M. *DNA do Inovador – Dominando as 5 habilidades dos Inovadores de Ruptura,* HSM Editora, 2011.

58. Isaacson, W. *Steve Jobs: a biografia.* Companhia das Letras, 2011.

59. ibid.

60. ibid.

61. Kahney, L. *A Cabeça de Steve Jobs. As lições do líder da empresa mais revolucionária do mundo.* Agir, 2009.

62. Gallo, C. *A Arte de Steve Jobs: princípios revolucionários sobre inovação para o sucesso em qualquer atividade.* Lua de Papel, 2010.

Lição 7: Formar Equipes de Alto Nível

63. Evento do *Wall Street Journal*, 2007.

64. Isaacson, W. *Steve Jobs: a biografia*. Companhia das Letras, 2011.

65. *Do jeito de Jobs*. Época Negócios. Disponível em: http://epocanegocios.globo.com/Revista/Common/0,,ERT24113-16642,00.html. Acessado em: 8 de janeiro de 2014.

66. Kahney, L. *A Cabeça de Steve Jobs. As lições do líder da empresa mais revolucionária do mundo*. Agir, 2009.

67. ibid.

68. ibid.

69. Brandt, R.L. *Nos Bastidores da Amazon: o jeito Jeff Bezos de revolucionar mercados com apenas um clique*. Saraiva, 2011.

70. Greathouse, J. *5 Time Tested Success Tips From Amazon Founder Jeff Bezos*. Forbes. Disponível em: http://www.forbes.com/sites/johngreathouse/2013/04/30/5-time-tested-success-tips-fromamazonfounder-jeff-bezos Acessado em 08 de janeiro de 2014.

71. Brandt, R.L. *Nos Bastidores da Amazon: o jeito Jeff Bezos de revolucionar mercados com apenas um clique*. Saraiva, 2011.

72. Spector, R. *Amazon.com: como crescer da noite para o dia*. Campus, 2000.

Lição 8: Facilitar a Colaboração e o Trabalho em Equipe

73. Isaacson, W. *Steve Jobs: a biografia*. Companhia das Letras, 2011.

74. ibid.

75. ibid.

76. Kirkpatrick. D. *The Second Coming of Apple Through a magical fusion of man — Steve Jobs — and company, Apple is becoming itself again: the little anticompany that could.* Fortune. Disponível em: http://money.cnn.com/magazines/fortune/fortune_archive/1998/11/09/250834/index.htm Acessado em: 8 de janeiro de 2014.

77. *The Seed of Apple's Innovation.* Business Week. Disponível em: http://www.businessweek.com/stories/2004-10-11/the-seed-of-apples-innovation. Acessado em: 8 de janeiro de 2014.

78. Isaacson, W. *Steve Jobs: a biografia.* Companhia das Letras, 2011.

79. Kahney, L. *A Cabeça de Steve Jobs. As lições do líder da empresa mais revolucionária do mundo.* Agir, 2009.

80. Johnson, S. *De Onde Vêm as Boas Ideias.* Zahar, 2011.

81. Greathouse, J. *5 Time Tested Success Tips From Amazon Founder Jeff Bezos.* Forbes. Disponível em: http://www.forbes.com/sites/johngreathouse/2013/04/30/5-time-tested-success-tips-fromamazonfounder-jeff-bezos Acessado em 08 de janeiro de 2014.

82. Kirkpatrick, D. *O Efeito Facebook: os bastidores da história da empresa que conecta o mundo.* Intrínseca, 2011.

83. Keyani, P. *Stay focused and keep hacking.* Disponível em: https://www.facebook.com/notes/facebook-engineering/stay-focused-and-keep-hacking/10150842676418920. Acessado em: 8 de janeiro de 2014.

84. ibid.

85. ibid.

86. Hackathon Facebook Brasil. Disponível em: https://www.facebook.com/events/295583867169977/ Acessado em: 8 de janeiro de 2014.

Lição 9: Fomentar uma Cultura Incomparável

87. Deutschman, A. *Inside the mind of Jeff Bezos.* Fast Company. Março de 2004. Disponível em: http://www.fastcompany.com/50106/inside-mind-jeff-bezos. Acessado em: 8 de janeiro de 2014.
88. Brandt, R.L. *Nos Bastidores da Amazon: o jeito Jeff Bezos de revolucionar mercados com apenas um clique.* Saraiva, 2011.
89. ibid.
90. Spector, R. *Amazon.com: como crescer da noite para o dia.* Campus, 2000.
91. Stone, B. *The Every thing store: Jeff Bezos and the age of Amazon.* Little, Brown and Company, 2013.
92. Levy, S. *Google: a biografia.* Universo dos Livros, 2012.
93. Brandt, R.L. *The Google Guys: inside the brilliant minds of Google founders.* Portfolio Trade, 2011.
94. Girard, B. *The Google Way: how one company is revolutionizing management as we know it.* No Starch Press, 2009.
95. Levy, S. *Google: a biografia.* Universo dos Livros, 2012.

Lição 10: Colocar as Pessoas Certas para Fazer as Coisas Certas

96. Swisher, K. Entrevista com Mark Zuckerberg & Sheryl Sandberg. D6: Conferência All Things Digital, 27 de maio de 2008.
97. Isaacson, W. *Steve Jobs: a biografia.* Companhia das Letras, 2011.
98. Beahm, G. *Billionaire Boy: Mark Zuckerberg in his own words.* Hardie Grant Books, 2013.
99. Blodget, H. *The Maturation of the Billionaire Boy-Man* — New York Magazine, maio de 2012.

100. Kirkpatrick, D. *O Efeito Facebook: os bastidores da história da empresa que conecta o mundo.* Intrínseca, 2011.

101. ibid.

102. Isaacson, W. *Steve Jobs: a biografia.* Companhia das Letras, 2011.

103. ibid.

104. Blodget, H. *The Maturation of the Billionaire Boy-Man* — New York Magazine, maio de 2012.

105. Kahney, L. *A Cabeça de Steve Jobs. As lições do líder da empresa mais revolucionária do mundo.* Agir, 2009.

Lição 11: Mantenha o Motor da Inovação Permanentemente Ligado

106. *Bezos on Innovation.* Disponível em: www.businessweek.com/stories/2008-04-16/bezos-on-innovation. Acessado em 8 de janeiro de 2014.

107. ibid.

108. Malik, O. *Tips on Innovation & Entrepreneurship From Jeff Bezos.* Disponível em http://gigaom.com/2009/06/15/tips-on-innovation-enterprenuership-from-jeff-bezos/. Acessado em: 8 de janeiro de 2014.

109. ibid.

110. ibid.

111. Girard, B. *The Google Way: how one company is revolutionizing management as we know it.* No Starch Press, 2009.

112. ibid.

113. Edwards, D. *Estou Com Sorte: as confissões do funcionário número 59 do Google.* Novo Conceito, 2012.

114. Levy, S. *Google: a biografia.* Universo dos Livros, 2012.

115. ibid.

116. ibid.

Lição 12: Senso de Urgência e Execução

117. Beahm, G. *Billionaire Boy: Mark Zuckerberg in his own words.* Hardie Grant Books, 2013.
118. Ries, E. *A Startup Enxuta: como os empreendedores atuais utilizam a inovação contínua para criar empresas extremamente bem-sucedidas.* Leya Brasil, 2012.
119. World News with Diane Sawyer, *ABC News*, entrevista gravada no escritório do Facebook em Palo Alto, Califórnia em 21 de julho de 2010.
120. Govindarajan, V.; Trimble, C. *O Outro Lado da Inovação: a execução como fator crítico de sucesso.* Elsevier, 2010.

Lição 13: Atenção aos Detalhes

121. Entrevista Steve Jobs, *Revista Playboy*, fevereiro de 1995.
122. Isaacson, W. *Steve Jobs: a biografia.* Companhia das Letras, 2011.
123. ibid.
124. ibid.

Lição 14: Comunicar a Inovação

125. *Back To The Future At Apple.* Business Week, maio de 1998. Disponível em: http://www.businessweek.com/stories/1998-05-24/back-to-the-future-at-apple Acessado em: 8 de janeiro de 2014.
126. Evento de lançamento do iPhone, janeiro de 2007.
127. *iPhone Generated $400 million in Free Publicity.* Disponível em: http://gizmodo.com/243222/iphone-generated-400-million-in-free-publicity Acessado em: 8 de janeiro de 2014.
128. Colby, C.L.; Parasuraman, A. *Marketing para Produtos Inovadores.* Bookman, 2002.
129. Evento de lançamento do iPad, novembro de 2010.

CAPÍTULO 6: A Palavra do Inovador

1. Discurso formatura Stanford, junho de 2005. Disponível em: http://news.stanford.edu/news/2005/june15/jobs-061505.html. Acessado em: 8 de janeiro de 2014.
2. Discurso formatura Princeton, 30 de maio de 2010. Disponível em: www.princeton.edu/main/news/archive/S27/52/51099/ Acessado em: 8 de janeiro de 2014.
3. Brin, S.; Page, L. *Manual do Proprietário para Acionistas do Google*, agosto de 2004.
4. Zuckerberg, M. *Carta aos Acionistas*. 2012.

CAPÍTULO 7: Para Saber Mais

1. Gregersen, H.; Dyer, J.; Christensen, C.M. *DNA do Inovador – Dominando as 5 habilidades dos Inovadores de Ruptura*, HSM Editora, 2011.

ÍNDICE

G

H

I

J

K

L

M

N

O

P

R

S

T